Die Marx Brothers

ro
ro
ro

D1870584

rowohlts monographien
begründet von Kurt Kusenberg
herausgegeben von Wolfgang Müller
und Uwe Naumann

Die Marx Brothers

Dargestellt von Rainer Nolden

Rowohlt Taschenbuch Verlag

Umschlagvorderseite: Harpo, Groucho und Chico Marx.
Publicityfoto
Umschlagrückseite: Groucho, Harpo und Chico Marx.
Publicityfoto
Plakat zum ersten Film der Marx Brothers,
«The Cocoanuts», 1929

Seite 3: Harpo, Groucho und Chico Marx
in «A Night in Casablanca», 1946
Seite 7: Groucho, Harpo und Chico Marx
(von oben) in «At the Circus», 1939

Originalausgabe
Veröffentlicht im Rowohlt Taschenbuch Verlag
GmbH, Reinbek bei Hamburg, Mai 2002

Umschlaggestaltung Ivar Bläsi
Redaktionsassistenz Katrin Finkemeier
Reihentypographie Daniel Sauthoff
Layout Gabriele Boekholt
Satz PE Proforma *und* Foundry Sans *PostScript,*
QuarkXPress 4.11
Gesamtherstellung Clausen & Bosse, Leck
Printed in Germany
ISBN 3 499 50454 4

Die Schreibweise entspricht den Regeln
der neuen Rechtschreibung.

INHALT

Vorbemerkung

Wenn Marlene Dietrich von sich behauptete, sie sei «zu Tode fotografiert» worden, so lässt sich das, mutatis mutandis, auch von Groucho Marx sagen: Er ist «zu Tode interviewt» worden – freilich ohne darunter zu leiden. Solange er im Licht der Öffentlichkeit stand, also fast ein halbes Jahrhundert lang, ist der redseligste der Marx Brothers ein anekdotenreicher Gesprächspartner zahlloser Journalisten und Schriftsteller gewesen, hat seine Karriere und sein Leben in einer unüberschaubaren Anzahl von Interviews, Porträts, Essays, Rundfunksendungen, Fernseh-Talkshows und persönlichen Reminiszenzen Revue passieren lassen. Während der «stumme» Harpo sich nur ein einziges Mal in seinem Leben mit einer weitgehend von Rowland Barber kompilierten Autobiographie *Harpo spricht* zu Wort meldete, gab Groucho gern und ausführlich Auskunft über sich, seine Familie, seine Brüder und ihrer aller Werdegang. Seine Erzählungen sind gespickt mit Bonmots und Pointen, deren Unterhaltungswert beträchtlich, deren Wahrheitsgehalt jedoch, je öfter Groucho sie wiederholte und je weiter sie in der Vergangenheit datieren, mitunter recht zweifelhaft ist. In späten Interviews räumte Groucho denn auch öfter ein, sich an Ereignisse aus der Anfangszeit seiner und seiner Brüder Karrieren nicht mehr genau erinnern zu können. Daher ist es kaum verwunderlich, dass er bei unterschiedlichen Gelegenheiten ein und dieselbe Begebenheit mit jeweils anderen Namen, Orten und Daten referierte, von phantasievollen Ausschmückungen und Erweiterungen ganz zu schweigen.[1]

Nun ist die Biographie eines Entertainers nicht der Exaktheit einer Geschichtschronik verpflichtet. Dennoch ist auch in Künstlerbiographien ein roter Faden der Wahrheit ein willkommenes Orientierungsmittel. Als zuverlässigste Richtungsweiser durch das Dickicht von drei, bisweilen fünf Schauspieler-Karrieren (Groucho, Chico, Harpo, Zeppo und Gummo Marx) erwiesen sich Hector Arces umfangreiche Biographie «Groucho» von 1979 und Glenn Mitchells «Marx Brothers Encyclopedia» von 1996. Wann immer Unklarheiten und Widersprüche besagten roten Faden zu verwickeln drohten, habe ich diese beiden Werke zu Rate gezogen und ihrer Version den Vorzug vor Grouchos oder Harpos Erinnerungen gegeben. Von zwei Interviewbänden – Charlotte Chandlers «Hello, I Must Be Going» (1978) und Richard Anobiles «The Marx Brothers' Scrapbook» (1973), um das es sogar zu einem Rechtsstreit kam – distanzierte Groucho sich nach ihrer Publizierung. Vor

«Go West», 1940: Groucho, Chico und Harpo Marx mit Diana Lewis

allem in Anobiles Buch finden sich Äußerungen der Marx Brothers, ihrer Familienangehörigen, von Freunden und Kollegen, die die von den Brüdern stets beschworene Harmonie innerhalb des Marx-Clans in einem nicht ganz so strahlenden Licht erscheinen lassen.

Über die Charaktere der fünf Brüder gibt am ausführlichsten Stefan Kanfer Auskunft in seinem Buch «Groucho. The Times and Life of Julius Henry Marx». Hier erfährt der Leser auch am meisten über das Verhältnis der Brüder zueinander, ihre Meinung voneinander und ihre unterschiedlichen Beziehungen zu den Eltern, vor allem Minnie Marx.

Der letzte Teil der vorliegenden Monographie ist den Besonderheiten der Komik der Marx Brothers gewidmet. Im Rahmen dieser Untersuchung erschien es mir sinnvoller, keine erschöpfende und chronologisch geordnete Analyse aller dreizehn Filme vorzunehmen – abgesehen davon, dass es den Umfang dieses Bandes gesprengt hätte, hat dies in ausführlicher Weise bereits Allan Eyles in seinem Buch «The Marx Brothers – Their World of Comedy» – geleistet; vielmehr soll versucht werden, anhand ausgewählter Szenen und Dialogpassagen darzustellen, was die Kinobesucher amüsierte und immer noch amüsiert an Groucho, Chico und Harpo. Da es jedoch nahezu unmöglich ist, den Wortwitz der Originaltexte in eine deutsche Übersetzung hinüberzuretten, sollen – entgegen den Gepflogenheiten dieser Reihe – die englischen Texte zitiert werden. Die beigefügten Übersetzungen sind lediglich als Verständnisbrücke zu betrachten; dem englischkundigen Leser sei empfohlen, sie einfach zu ignorieren.

Eine Familie Schiffbrüchiger

In den letzten Jahrzehnten des 19. Jahrhunderts kostete die billigste Überfahrt von Deutschland nach Amerika zwischen 90 und 120 Mark. Die Reise von Bremerhaven nach New York dauerte etwa zwei Wochen – eine quälend lange Zeit für die Passagiere im Zwischendeck. Sie verbrachten die Überfahrt in engen Kabinen, die feucht, kalt und zudem schlecht gelüftet waren. Die Zustände an Bord waren unhygienisch, die stets mitreisenden Ratten ideale Krankheitsüberträger; verdorbene Lebensmittel sorgten mitunter für Todesopfer. Da konnten sich jene, die nur von der Seekrankheit geplagt wurden, geradezu glücklich schätzen. Doch die Strapazen der Reise waren vergessen, wenn die Übersiedler die Freiheitsstatue im Hafen von New York erblickten und die strengen Einreisekontrollen auf Ellis Island hinter sich gebracht hatten. Ein neues Leben lag zum Greifen nahe vor ihnen – ob es wirklich auch ein besseres sein würde, stand freilich in den Sternen.

Ein Monument der Zuversicht: die Freiheitsstatue im Hafen von New York

Im Jahre 1880 war der genau ein halbes Jahrhundert zuvor in Holland geborene Louis Schönberg, der Lafe genannt wurde, mit seiner Familie an Bord eines der Schiffe gegangen, die von Deutschland nach Amerika fuhren. Mit ihm reisten seine Frau Fanny, die aus dem westfriesischen Dorf Dornum stammte – etwa 20 Ki-

Die Großeltern mütterlicherseits am Tage ihrer goldenen Hochzeit: Fanny und Lafe Schönberg. Sie stammte aus dem westfriesischen Dornum, er aus Holland.

lometer östlich der Stadt Norden gelegen –, und ihre acht Kinder. Lafe und Fanny hatten als Jahrmarktskünstler ihren Lebensunterhalt verdient – Lafe war Bauchredner, Fanny eine jodelnde Harfenistin. Zwei der Schönberg-Kinder sollten für die Existenz einer Gruppe, die im amerikanischen Vaudeville und im Film für Furore sorgen würde, ursächlich verantwortlich beziehungsweise besonders einflussreich sein: Das eine war Minna Schönberg, genannt Minnie, die 1864 geboren worden war. Sie hatte ein lebhaftes Interesse an der Welt des Unterhaltungstheaters, allerdings kein erkennbares Talent dafür. Das andere war ihr Bruder Adolf, vier Jahre jünger als Minnie, der einer der erfolgreichsten Entertainer im amerikanischen Theater um 1900 wurde.

Die Schönbergs bezogen eine Wohnung auf der East Tenth Street 376, der Lower East Side. Natürlich hatten die Eltern gehofft, ihre in Deutschland leidlich erfolgreiche Künstlerkarriere in den Vereinigten Staaten fortsetzen zu können. Aber sie erlebten eine Enttäuschung. *Da weder mein Großvater noch meine Großmutter Englisch sprachen, bekamen sie keine Theaterengagements in Amerika. Aus irgendwelchen unerfindlichen Gründen gab es dort nämlich keinen Bedarf an einem Deutsch sprechenden Bauchredner oder an einer Harfenistin, die in einer fremden Sprache jodelte.*[2] Also verdiente Lafe Schönberg seinen Lebensunterhalt als Regenschirmflicker, obwohl er nie zuvor einen Regenschirm ausgebessert hatte. *Gemessen an der Zahl der Schirme, die er in einem Jahr repariert hatte, musste es sich um eine der trockensten Perioden in der Geschichte der New Yorker Wetterstatistik gehandelt haben. Während eines Jahres flickte er gerade sieben Schirme und hatte schließlich 12,50 Dollar verdient.*[3] Enttäuscht von diesem beruflichen Misserfolg, beschloss Lafe, sich im Alter von 51 Jahren aus dem Berufsleben zurückzuziehen. Da dies in jenen Jahren ein unverhältnismäßig früher Ausstieg aus der Arbeitswelt war, machte er sich zwölf Jahre älter, um Fragen nach dem unzeitgemäßen Beginn seines Pensionärsdaseins die Peinlichkeit zu nehmen. Fortan sorgten die älteren Kinder für das Wohlergehen der Eltern.

Der Vater: Sam Marx

1884 hatte Minnie, das drittjüngste der Schönberg-Kinder, Sam Marx geheiratet, der als Simon Marrix 1861 im Elsass geboren worden war und seit 1881 in New York lebte. Er war zuerst Tanzlehrer; nach der Heirat versuchte er sich als Schneider. Es gab drei Schneider namens Marx in Manhattan, die handwerklich und finanziell recht erfolgreich waren. Sam gehörte nicht zu ihnen, profitierte aber von dem gemeinsamen Namen: Seine Dienste wurden oft in Anspruch genommen, weil ihn die Kunden mit einem der anderen – und zweifellos besseren – Schneider namens Marx verwechselten. *Er war der einzige mir bekannte Schneider, der ohne ein Maßband arbeitete. Ein Maßband sei etwas für einen Bestattungsunternehmer, pflegte er zu sagen, aber nichts für einen Schneider, der die Augen eines Adlers hätte. Er hielt derlei Hilfsmittel für ausgemachten Unsinn und war der Ansicht, wenn man erst bei einem Kunden Maß nehmen müsse, habe man seinen Beruf verfehlt. Ein wirklich guter Schneider könne auf einen Blick sehen, wie viel Zentimeter Brust- und Gesäßumfang, Bein- und Armlänge betrügen. Die Ergebnisse seiner Arbeit waren ungefähr so korrekt wie Chamberlains Prognosen über Hitler.*[4]

Die Mutter: Minnie Marx

Sam und Minnie zogen nach Yorkville, jenem Teil in Manhattans Upper East Side, in dem sich zum Ende des 19. Jahrhunderts vorwiegend deutsche Einwanderer niederließen. Als Mitgift brachte Minnie ihre Eltern Lafe und Fanny Schönberg mit, und nach und nach bevölkerten weitere Mitglieder des weitläufigen Schönberg-Clans das Apartment in der East Eighty-Second Street 354. Manche Verwandte kamen nur, um sich satt zu essen, einige blieben ein paar Wochen, andere richteten sich gleich für Monate häuslich ein.

Sechs Söhne brachte Minnie zur Welt. Manfred, der ein Jahr nach ihrer Hochzeit zur Welt kam, starb kurz nach der

Geburt an den Folgen der Tuberkulose. Am 21. März 1887 – ein Jahr nach der Einweihung der Freiheitsstatue auf Liberty Island – wurde Leonard geboren, der später Chico genannt wurde, weil er, neben anderen Lastern und Leidenschaften, vor allem hinter den «chicks», den Mädchen, her war. Ihn überschüttete Minnie mit der ganzen Liebe, die sich seit dem Verlust des ersten Kindes in ihr gesammelt hatte. Ein Jahr später kam Adolph zur Welt – er selbst gibt 1893 als sein Geburtsjahr an[5] –, der sich später Arthur nannte. Nachdem er sein Talent für die Harfe entdeckte, hatte auch er seinen Spitznamen: Harpo. Julius Henry wurde 1890 geboren. Für seinen Künstlernamen «Groucho» gibt es zwei Erklärungen. Als Kind besaß er einen «grouch bag», einen Brustbeutel, in dem er *seine Pennies, Bonbons und sein Marihuana versteckte*[6] und den er wie seinen Augapfel hütete. Später, als Kopf der Marx Brothers, wurden Nörgler, Miesmacher und bösartig launische Possenreißer («grouch») sein Markenzeichen. Das Image des Rüpels, der seine Mitmenschen mit ruppigen bis bösartigen Beleidigungen vor den Kopf stieß, pflegte er auch privat bis ins hohe Alter.

Zwei weitere Söhne brachte Minnie zur Welt: Milton (1892), dessen Namen die Brüder so albern fanden, dass sie ihn «Gummo» tauften (wegen seiner Vorliebe für Schuhe mit dicken Gummisohlen), und schließlich Herbert (1901), der Zeppo hieß, weil er, wie Groucho bei einem seiner späteren Auftritte sagte, im selben Jahr zur Welt kam, als der erste Zeppelin in die Luft ging[7] (hier hat sich Groucho allerdings um ein Jahr verrechnet; der erste Zeppelin startete bereits 1900).

Für die Spitznamen der Marx Brothers wird mitunter auch der Alleinunterhalter Art Fisher verantwortlich gemacht. Er soll den Brüdern während einer Pokerpartie die Spitznamen gegeben haben, die den Namen von Figuren einer seinerzeit populären Comic-Serie nachempfunden waren.[8]

Es ist mir stets ein Rätsel geblieben, wie dieselben Eltern so unterschiedliche Kinder zeugen konnten. Chico hatte ein Gehirn, das so rasch und präzise funktionierte wie eine Rechenmaschine. […] Mit seinem angeborenen Talent für Mathematik hätte Chico ein zweiter Euklid oder Einstein werden können, aber die Schule hat ihn, wie uns alle, nicht im Geringsten interessiert. […] Ihn begeisterten das Pferderennen und das Kartenspiel, und sein Wetteinsatz war stets höher, als er es sich leisten konnte. […] Außer zu den Mahlzeiten und den Schlafenszeiten haben wir ihn kaum zu Gesicht bekommen. Harpo war der grundanständige Mann in unserer Familie. Er erbte all die guten Eigenschaften meiner Mutter: Freundlichkeit, Verständnis und Gutmütigkeit. Ich erbte den Rest.[9] Bezeichnenderweise verliert Groucho an dieser wie auch an anderen Stellen seiner Lebenserinnerungen kein Wort über die Brüder Gummo und Zeppo. Es gab nicht viel, abgesehen vom Zufall des Geschwisterdaseins und von ein paar frühen gemeinsamen Versuchen im Showbusiness, was das ältere Brüdertrio mit den beiden jüngeren verband. Die Sympathie zwischen den drei Erst- und den beiden Letztgeborenen muss, zumindest während ihrer Berufsjahre, eher gering gewesen sein. Gummo war ein kränkelnder Junge, der sich in Grouchos Augen zu einem Hypochonder entwickelte, und von Zeppo behauptete er, in seinen Adern flösse Eiswasser statt Blut.[10] Aber auch das Verhältnis der älteren Brüder untereinander war nicht so perfekt, wie es später oft beschönigend dargestellt wurde. In einem Interview aus dem Jahre 1975 bezeichnet Groucho alle seine Brüder als *schmucks* (*Ekelpakete*).[11]

Die finanzielle Situation der Familie Marx war desolat. Die Hälfte des ohnehin nicht üppigen Hausrats stand öfter beim Pfandleiher als in den Marx'schen Wohnungen, die die vielköpfige Sippe häufig wechselte – weniger, um sich zu verbessern, sondern um den Forderungen der Vermieter zu entgehen. Mitunter verließen sie ein Apartment bei Nacht und Nebel, weil es günstiger war, den Umzug von zehn Dollar zu zahlen, als Mietrückstände in Höhe von 25 Dollar zu begleichen.[12] *Die Marxens waren arm, sehr arm. Wir waren immer hungrig. Und wir waren viele. Dank der unglaublichen Willensstärke, die mein Vater und meine Mutter zeigten, war die Armut für keinen von uns bitter oder bedrückend. Die Erinnerung an meine früheste Kindheit ist verschwommen, doch angenehm, erfüllt von Gesang und Lachen, voll von Menschen, die ich geliebt habe. […] Täglich [waren] zehn Mäuler zu stopfen: fünf Jungs von Chico bis Zeppo, Cousine Polly, die wie eine Schwester bei uns lebte, meine Mutter und mein Vater und Mutter und Vater meiner Mutter. Sehr oft war auch die Schwester meiner Mutter, Tante Hannah, bei uns. Und jeden Abend konnten beliebig viele Verwandte aus beiden Familienzweigen aufkreuzen, unangemeldet, aber niemals unwillkommen.*[13]

Es war Minnie, die die Übersicht über das familiäre und verwandtschaftliche Chaos in dem hoffnungslos überbevölkerten Haushalt bewahrte. *Alle Besucher kamen immer zu meiner Mutter, niemals zu meinem Vater. Sie gab ihnen Tipps für ihr Liebesleben, wo sie einen Job finden und wie sie Ärger vermeiden konnten. Sie beschaffte ihnen Darlehen, wenn sie Geld brauchten. […] Sie kittete Ehen, die drauf und dran waren zu zerbrechen, sie beschwatzte den Vermieter, den Lebensmittelhändler, den Metzger und jeden, dem wir Geld schuldeten. Ihre raffinierten Schachzüge waren ein Triumph des Willens, der Schikane und der Phantasie.*[14]

Das positive Bild, das Groucho von seiner Mutter zeichnet, bekommt im Laufe der Jahre dunkle Flecken, wie man an zahlreichen Äußerungen feststellen kann, die Groucho später machte. Während Chico Minnies und Harpo Sams Liebling war, schien für den dritten Sohn Groucho kein Platz mehr auf den Schößen der Eltern zu sein. Auf die Frage eines Biographen, ob Minnie ihre Söhne unterschiedlich behandelt habe, gab Groucho eine für ihn typische Antwort: *Ganz und gar nicht. Sie verachtete uns alle.*[15] Aus seiner Perspektive mag diese Antwort richtig gewesen sein, den Tatsachen entsprach sie sicherlich nicht, wenn man Minnies Verhältnis zu Chico und Harpo in Betracht zieht.

Ähnlich harsch urteilte Groucho über die Beziehung der Mutter zu ihren Kindern in einer Talkshow von Dick Cavett. Neben Groucho war Shelley Winters zu Gast, die in dem Musical *Minnie's Boys* die Rolle von Mutter Marx verkörperte. Sie fragte Groucho, wie Minnie mit all den Jungen fertig geworden sei. Grouchos Antwort: *Sie hat uns überhaupt nicht beachtet. Sie hat uns dauernd auf die Straße geschickt und ließ uns spielen.* Erst wenn sie hungrig wurden, gingen sie ins Haus – um sich vom Vater, den die Kinder seiner Herkunft wegen «Frenchie» nannten, etwas zu essen geben zu lassen – nicht zuletzt deshalb, weil die Mutter eine schlechte Hausfrau und eine noch schlechtere Köchin war.[16]

Noch Jahrzehnte nachdem die Kinder diese Erfahrung gemacht hatten, schwang bei Groucho die Verbitterung über die Haltung der Mutter ihm gegenüber mit. Ihn, den dünnhäutigsten und intelligentesten der drei älteren Brüder – sein Bücherkonsum soll zwar wahllos, aber immens gewesen sein[17] –, traf die Zurückweisung am schmerzlichsten. Und da er nicht über die Chuzpe Chicos verfügte, dem das Glücksspiel ohnehin wichtiger war als familiäre Harmonie, und auch nicht über Harpos Pfiffigkeit, mit der sich dieser über die desolate Realität hinwegrettete, entwickelte und perfektionierte Groucho ein anderes Gegenmittel, um die Verletzungen und Demütigungen zu repartieren: Er kämpfte mit Worten. Er setzte sich mit herablassenden und spöttischen Bemerkungen zur Wehr, deren Offenheit kaum weniger brutal war als die Schläge, die die Jugendlichen in den Straßenkämpfen einstecken mussten.

Harpos Erinnerung an die Mutter ist sehr viel wohlwollender – wohl auch deshalb, weil er einen anderen Rang in ihrer Wertschätzung einnahm. Zum einen zog sie die blond gelockten ältesten Söhne Chico und Harpo dem jüdisch aussehenden Groucho vor[18], zum anderen war Harpo selbst stets ein friedliebender, freundlicher Mensch, dem nichts ferner lag als der Zynismus und der erbarmungslose Sarkasmus seines Bruders Groucho. *Minnie war eine bezaubernde Frau, aber ihr liebliches, graziles Äußeres täuschte. Sie hatte die Ausdauer eines Brauereipferdes, die Kraft eines Lachses, die Intelligenz eines Fuchses und den Brutinstinkt einer Löwin. Minnie liebte Trubel. Sie war gern mittendrin, wann immer gesungen, gelacht oder erzählt wurde. Doch auch das täuschte in gewisser Hinsicht. Seit sie denken konnte, war ihr Leben, jede einzelne Minute davon, auf ihren «großen Plan» ausgerichtet. Minnies Plan war ganz einfach: Sie wollte […] ihre fünf Söhne zu erfolgreichen Bühnenstars machen.*[19]

Einigkeit herrscht in den Äußerungen aller Brüder über die Rollenverteilung im Marx'schen Haushalt: Der Vater war ein schwacher, gutmütiger und nicht allzu intelligenter Mensch. Seine Söhne liebten ihn, respektierten ihn aber nicht. Die härteste Strafe, deren er fähig war, bestand darin, seinen Söhnen drohend mit einer Kleiderbürste vor der Nase herumzufuchteln und so zu tun, als wolle er sie verprügeln.[20] Zu mehr konnte er sich selbst dann nicht durchringen, wenn Chico wieder einmal Teile von Anzügen, die er an Kunden ausliefern sollte, ins Pfandhaus gebracht hatte, um seiner Spielleidenschaft frönen zu können. Die Mutter war die dominante Person, die die Söhne respektierten und fürchteten, aber nicht so herzlich liebten wie den Vater. Freilich konzedieren alle in der Rückschau: Hätte ihre Mutter nicht diesen unbändigen Willen zum Erfolg gehabt, hätte es die «Marx Brothers» wohl nie gegeben.

Chico war von den drei älteren Brüdern derjenige, der als Jugendlicher am wenigsten den Vorstellungen bürgerlichen Wohlverhaltens entsprach. Er war gerade neun Jahre alt, als er seine Leidenschaft für das Glücksspiel entdeckte und ihm mit Haut und Haaren verfiel. Dafür versetzte er alles aus dem Marx'schen Haushalt, das ihm beim Pfandleiher ein paar Dollar einbrachte, um entweder seine alten Schulden zu bezahlen oder neue zu machen. Nicht nur, dass er die Hosen verhökerte, die er im Auftrag des Vaters bei Kunden abliefern sollte; er hatte auch keine Hemmungen, seine Brüder zu bestehlen.[21] Als er zwölf Jahre alt war, begann er, von zu Hause auszureißen und tagelang nicht mehr aufzutauchen. Er entwickelte sich zu einem schwer erziehbaren Jugendlichen, über den die Eltern jegliche Kontrolle zu verlieren drohten.

[Chico] betrieb wichtige Studien zur nützlichen Erweiterung seiner Kenntnisse der Arithmetik. Er lernte, bei Pferderennen und Boxkämpfen zu wetten und Poker, Binokel und Klabberjass zu spielen, indem er das Treiben im Hinterzimmer eines Zigarettenladens an der Lexington Avenue genauestens verfolgte. Er studierte die Gesetze der Wahrscheinlichkeit durch Beobachtung der wandernden Würfelrunde der Nachbarschaft bei der Flucht vom Keller aufs Dach und vom Dach wieder in den Keller, den Bullen immer einen Schritt voraus. Und er machte sich mit den Gesetzen der Physik vertraut, indem er Aktion und Reaktion in Bewegung befindlicher kugelförmiger Körper im Excelsior-East-Side Billardsalon erforschte. Als er zwölf wurde, befand Chico, er wisse nun alles Notwendige über diese ange-

wandten Naturwissenschaften, und ließ die Schule ebenfalls sausen. (Harpo hatte mit acht Jahren seine Schullaufbahn beendet und seitdem kein Klassenzimmer mehr betreten.) *Seine Studien, das Kiebitzen und Zugucken gab er nun auf und trat selbst in Aktion. Seitdem blieb er für den Rest seines Lebens in irgendwelche Spielchen verwickelt.*[22]

Harpos eher amüsierte Schilderungen über die Neigungen seines Bruders Chico machen nichtsdestoweniger deutlich, dass dieser ein krankhafter Spieler war: ein «Junkie», der sein ganzes Vermögen bei Kartenspielen und Pferderennen durchbrachte. *Chico starb ohne einen Pfennig Geld*, resümierte Groucho in einer Dick-Cavett-Talkshow.

Wenn man ihn fragte, wie viel er beim Glücksspiel verloren habe, entgegnete er: «Fragt Harpo, wie viel er gewonnen hat. Das ist genau die Summe, die ich verloren habe.» Am Ende seines Lebens war er vollkommen pleite. Dennoch blieb Chico der Lieblingssohn seiner Mutter, die alle seine Eskapaden mit Nachsicht betrachtete.

Mitunter wurden die älteren Marx-Brüder, selbst der fügsame Groucho, vom Teufel geritten und heckten Streiche nach Art der Gags aus, mit denen sie später in ihren Filmen viele Lacher einheimsen konnten. Was im Film, am Rande der Anarchie oder darüber hinaus, für Heiterkeit sorgte, probierten die Teenager auch im richtigen Leben aus. Bei der Hochzeit eines Verwandten, die – selbstverständlich – Minnie arrangiert und organisiert hatte, stahlen sich Chico, Harpo und Groucho, gelangweilt von der jüdischen Hochzeitszeremonie, von der die Brüder kein Wort verstanden, auf die Herrentoilette und sprangen so lange auf den Pissoirs herum, bis diese aus der Wand brachen, *und aus den Rohren ergossen sich Miniatur-Niagarafälle.* Der wütende Restaurantbesitzer wollte die Hochzeitsgesellschaft vor die Tür setzen, wenn sie nicht umgehend 38 Dollar für die Reparatur des Schadens zu zahlen bereit war. Minnie, praktisch wie immer, nahm einen Hut und begann mit einer Kollekte. *Obwohl 50 Gäste anwesend waren, lagen gerade 17 Dollar im Hut.*[23] Nachdem der Bräutigam die fehlenden 21 Dollar zugezahlt hatte, ging die Trauzeremonie weiter. Für die Kinder scheint dieser Vorfall keinerlei – oder zumindest keine gravierenden – Konsequenzen gehabt zu haben. Weder Groucho noch Harpo erinnern sich, für diesen Akt von Vandalismus bestraft worden zu sein.

Eine Familie, die heute so lebt wie die Marxens seinerzeit in New York, würde zweifellos dem Bodensatz der Gesellschaft, wenn nicht gar den Asozialen zugerechnet werden. Was Harpo in der Rückschau von sich behauptet, gilt auch für seinen älteren Bruder Chico: *Ich war nach heutigen Maßstäben ein jugendlicher Krimineller. Doch nach den Maßstäben der East Side des Jahres 1902 war ich ein Musterknabe.*[24]

Das Flatiron-Building am Times Square, New York, um 1900

Einmal wurde sogar Groucho bei einem Diebstahl ertappt. Der folgsamste der älteren Marx-Brüder fasste, als er ungefähr zehn Jahre alt war, den Plan, Schriftsteller zu werden. Der Bleistift, das einzige Schreibwerkzeug, das er besaß, genügte ihm dazu freilich nicht. In der Spielzeugabteilung von Bloomingdale's wurden Druckkästen angeboten – für 1,98 Dollar. Groucho steckte einen Kasten unter seinen Mantel und wurde prompt vom Hausdetektiv erwischt. Der Besitzer des Kaufhauses, Mr. Bloomingdale persönlich, exkulpierte ihn mit den Worten: «Lasst ihn laufen. Hier klauen doch alle Kinder.» Dennoch erhielt er Hausverbot bei Bloomingdale's, und er hat das Kaufhaus tatsächlich sein ganzes Leben lang nicht mehr betreten.[25]

Um den Start ins Leben in der Neuen Welt zu erleichtern, verlief der Alltag vieler Einwanderer nach bestimmten Strukturen und Ritualen, die zu Überlebensstrategien wurden. Die wichtigste gesellschaftliche Gruppe war natürlich die Familie, dann kamen die Freunde und die Nachbarschaft, die sich in der Regel aus Landsleuten zusammensetzte und ethnische Gruppen in überschaubaren Stadtvierteln bildete. Dies war der Bezirk, der in der fremden Umgebung Spurenelemente von Heimatgefühl garantierte. Jenseits dieser Viertel begann «Feindesland», in dem man nur unter Aufbietung großer Geschicklichkeit, vieler Tricks und Gemeinheiten und, wenn das alles nichts mehr fruchtete, letztlich nur durch schnelles Weglaufen Konflikten, Auseinandersetzungen und Prügeleien entgehen konnte.

Das Leben auf den Straßen war ein gewaltiges Hindernisrennen für einen Winzling wie mich. Die mächtigsten Hindernisse waren die Kinder anderer Nationalitäten. Die Upper East Side war in jüdische Blocks (das kleinste Gebiet), irische Blocks und deutsche Blocks aufgeteilt, ein paar unabhängige italienische Straßen lagen noch dazwischen. […] Das Schlimmste, was man machen konnte, war, vor Kindern aus anderen Straßen davonzurennen. Doch wenn man nichts dabei hatte, was man als Lösegeld verwenden konnte, war man so gut wie erledigt. Ich lernte, meinen Wohnblock nie ohne irgendein Schmiergeld in der Tasche zu verlassen – einen alten Tennisball, eine leere Garnrolle, einen Penny, irgendwas. Es kostete nicht viel, sich die Freiheit zu erkaufen; nur die Geste war wichtig. All das waren Kämpfe um die Hackordnung von Ausländern, die langsam Amerikaner wurden. Jeder irische Junge, der einen jüdischen Jungen in die Knie zwang, hatte «Onkel» zu einem italienischen Jungen zu sagen, der sich seine Beulen von einem deutschen Jungen holte, der von seinem alten Herrn Dresche bezog, weil er sich auf der Straße herumprügelte, und danach rausging und einen irischen Jungen vermöbelte, um sich abzureagieren. «Ich werd's dir schon zeigen», war die Drohung, die sie weiterreichten, von Ire zu Jude zu Italiener zu Deutschem.[26]

Für die Existenz am Rande des stets drohenden Absturzes in die vollkommene Armut, die kleine Diebstähle erträglicher machen sollten – *Allein und in Banden waren wir für den größten Teil der leichten Diebstähle und Sachbeschädigungen an der Upper East Side verantwortlich*[27] –, und für die Härte, die das Leben für die meisten Einwanderer aus der Alten Welt in der Neuen bereithielt, findet Harpo einen treffenden Vergleich: *Wir waren so etwas wie eine Familie Schiffbrüchiger, die auf einer einsamen Insel überlebte. Kein Geld, kein Ansehen, keine Beziehungen, es gab nichts, was den Marxens hätte helfen können, sich in Amerika durchzuschlagen, aber jeder von uns fand seinen Weg zu überleben. Frenchie wählte die Schneiderei, Chico das Billardzimmer. Ich gab mich dem Leben und Treiben auf der Straße hin. Minnie aber hielt uns alle zusammen, während sie unsere Rettung ausheckte.*[28]

Für die Marx-Söhne scheint das Klischee von der Alternative zuzutreffen, die sich Menschen in ihrer Situation als einzige bietet: Entweder rutschen sie ab in die Kriminalität, oder sie versuchen ihr Glück in Berufen, die jenseits der bürgerlichen Vorstellung von einer anständigen Lebensform liegen, wozu Jahrmarkts- und Varietékünstler sowie Zirkusartisten und Schauspieler gehörten. Sowohl die eine wie die andere Lebensform war vor hundert Jahren für die so genannte gute Gesellschaft gleichermaßen exotisch und anrüchig – eine Ansicht, die sich noch bis in die zwanziger Jahre hinein hielt.[29] «Das Varieté residierte in unmittelbarer Nachbarschaft von Prostitution und Verbrechen.»[30] *Damals lag der gesellschaftliche Rang eines Schauspielers irgendwo zwischen einem wahrsagenden Zigeuner und einem Taschendieb. Kam eine Minstrel-Show in eine kleine Stadt, dann sperrten die Familien ihre jungen Töchter ein, verrammelten die Fensterläden und versteckten das Familiensilber. Um Ihnen einen Eindruck von der Stellung eines Schauspielers zu geben: Ein Plantagenbesitzer aus dem Süden in Shreveport, Louisiana, sagte einmal einem meiner Brüder, er würde ihn umbringen, sollte er noch einmal mit seiner Tochter sprechen. Nur die Tatsache, dass der Plantagenbesitzer an jenem Nachmittag mit einer Lynchaktion beschäftigt war, hielt ihn davon ab, meinen Bruder zu erschießen.*[31] Selbst wer im Unterhaltungsgewerbe reich und erfolgreich geworden war, wurde vielleicht bewundert und möglicherweise auch beneidet, war aber immer auch eine Art Paradiesvogel und Außenseiter in der Gesellschaft von Buchhaltern und Bankern. Das Gefühl des Andersseins hat Groucho Marx während seiner gesamten Karriere und auch noch darüber hinaus begleitet. *In meinem ganzen Leben habe ich mich nur in der Gesellschaft von Menschen wohl gefühlt, die auch im Showbusiness sind,* vertraute er dem Pianisten Morgan Ames an, der ihn auf seinen späten Tourneen begleitete.[32]

Heutzutage sehen Schauspieler aus wie alle anderen Menschen, aber damals waren sie eine Klasse für sich. Wenn mein Onkel zu Besuch kam, hatte er lange Haare, die ihm bis in den Nacken fielen, Koteletten wie Elvis Presley, einen Gehrock, einen Stock mit einem goldverzierten Knauf und einen seidenen Zylinder.[33] So also präsentierten sich die erfolgreichen Seiten des Showbusiness. Die Marx-Söhne lernten sie kennen und schätzen in Gestalt von Minnies Bruder Adolf Schönberg. Der hatte kurz nach seinem achtzehnten Lebensjahr den ungeliebten Job als Bügler in einer Hosenfabrik an den Nagel gehängt und beschlossen, sein Hobby zum Beruf zu machen: das Singen. Fortan nannte er sich Al Shean und gründete mit drei Freunden ein Gesangsquartett, die «Manhattan Comedy Four». Ihr Repertoire bestand aus Sketchen und Schlagern, die sie im «close harmony singing» nach Art der Barbershop Quartets vortrugen. Später verließ Al die «Manhattan Comedy Four» und rief eine neue Gruppe mit dem prätentiösen und wenig Showbusiness-mäßigen Namen «Quo vadis upside down» ins Leben. Dieses Ensemble hielt sich zehn Jahre und war eines der beliebtesten im Unterhaltungsgeschäft jener Zeit. Onkel Al war nicht nur erfolgreich, sondern auch freigebig mit seinem Geld. Bei seinen allmonatlichen Besuchen im Hause Marx schenkte er jedem Neffen einen Nickel. In Grouchos Erinnerung war es sogar ein Dollar für jeden, den der Onkel springen ließ – *das bedeutete Überfluss für viele Wochen*[34]. Dazu gab er pikante Geschichten aus der Welt des Theaters zum Besten und blickte im Übrigen mit milder Nachsicht auf seinen darbenden Schwager Sam.

Vor allem aber stachelte Als Erfolg den Ehrgeiz seiner Schwester an – die, wie in manchen Büchern dargestellt wird, die Managerin ihres Bruders gewesen sein soll. Weder Harpo noch Groucho erwähnen in ihren Autobiographien eine solche Tätigkeit der Mutter. Dafür bemühte sich Minnie, inspiriert durch den erfolgreichen Bruder, intensiv darum, ihre Söhne – oder zumindest einige von ihnen – im Showgeschäft unterzubringen. Wenn ihr Bruder Al das Zeug dazu hatte, dann musste das Talent doch auch bei irgendjemand anderem in der Familie schlummern – und warum nicht bei ihrem Nachwuchs?

Deshalb begann Minnie, die Karriere ihrer Söhne mit der ausgeklügelten Strategie eines Generals zu planen, der feindliches Territorium erobern will. Als Erstes schaffte sie ein Piano an, und Chico wurde von Minnie auserwählt, Klavierspielen zu lernen. Als Pianist konnte er sich schließlich als Solist oder als Begleiter verdingen – gleich zwei Möglichkeiten, in der Unterhaltungsbranche Fuß zu fassen. *Ich weiß bis heute nicht, wie [Chico] die Zeit zum Klavierspielen gefunden hat. Vielleicht machte er das Üben für sich interessanter, indem er mit sich selbst wettete, ob er das C oder das Cis treffen würde.*[35] Das Üben muss für ihn eine Tortur gewesen sein: *Wenn Chico Klavier übte, saß meine Mutter mit einem Besenstiel neben ihm und achtete darauf, dass er sein Pensum von einer halben Stunde erfüllte.*[36] Ob sie tatsächlich glaubte, dass sie ihn mit dem Klavierspielen von seinem Glücksspiel ablenken konnte[37], darf bezweifelt werden.

Ihren Zweitgeborenen hätte sie mit dem Unterricht eher von der Straße weglocken können, denn Harpos Gedanken *schwebten um Beethoven, Mozart und Bach. […] Sobald der Klavierhocker frei wurde, nahm Harpo darauf Platz und experimentierte mit Harmonien und Läufen. Eigentlich hätte Harpo Klavierunterricht haben müssen, aber sie kosteten 25 Cents, und für beide war nicht genug Geld da.*[38]

Allerdings entdeckte Chico bald die Vorteile, die das Klavierspielen mit sich bringen konnte. Natürlich war es weniger die künstlerische Seite, die ihn reizte, sondern, wie sollte es anders sein, das Geld, das er mit Auftritten in Biergärten und Kneipen verdienen und mit dem er seine Spielleidenschaft finanzieren konnte. Wenn er genug verdient hatte, der Abend aber noch nicht vorbei war und er seine Verpflichtungen noch nicht erfüllt hatte, ließ er sich von Harpo vertreten.

Groucho (links) und Harpo, zwölf und vierzehn Jahre alt

Auch Harpo hatte ein Talent entwickelt, dessen Vorteile Minnie vorerst jedoch nicht erkannte: Er konnte wunderbare Grimassen schneiden und liebte ungewöhnliche Verkleidungen. Doch seine Vorstellungen blieben fürs Erste auf den Freundes- und Familienkreis beschränkt. *Ich verspürte nicht das geringste Verlangen, auf einer Bühne vor achthundert Menschen aufzutreten. Schon bei dem Gedanken daran packte mich das kalte Grausen. Ich war vollauf mit den Lachern zufrieden, die ich zu Hause und auf der Straße [...] einheimsen konnte.*[39]

Seinen Bruder Chico beim Klavierspielen zu vertreten war für Harpo dagegen kein Problem. Am Klavier musste man sich nicht so «exhibitionieren» wie beim Auftreten auf einer Bühne. Da Harpos Repertoire jedoch vorerst auf zwei Lieder beschränkt war – schließlich bestand seine ganze Ausbildung darin, seinem Bruder beim Üben zuzuschauen und sich selbst Melodien auf dem Klavier einstimmig zurechtzufingern –, endeten seine «gigs» meistens schon nach einer halben Stunde, wenn selbst der angeheitertste Gast mitbekommen hatte, dass der Pianist «Love Me, and the World is Mine» und «Waltz Me Around, Willie» bereits zum zehnten Mal hintereinander gespielt hatte.

Für Groucho hatte Minnie eine Gesangskarriere vorgesehen. Er hatte eine wohlklingende Sopranstimme, und er sang jeden Sonntag im Chor einer Kirche an der Madison Avenue. *Es war eine protestantische Kirche, aber sobald ich spitz gekriegt hatte, dass man einen Dollar fürs Mitsingen bekam, war es mir egal, dass es keine Synagoge war.*[40] Da Groucho, darin seinen Brüdern nacheifernd, von der Schule zu Tode gelangweilt war, schien ein früher Start ins Showbusiness eine gute Alternative zu einer erfolglosen Schülerkarriere zu sein. *Hier war Glamour. Warum sollte man Doktor werden und sich das Gejammer von Invaliden und Hypochondern anhören* – eine Zeit lang hatte Groucho mit dem (bei seinen schulischen Leistungen kaum zu verwirklichenden) Gedanken gespielt, Arzt zu werden –, *wenn man beim Theater seidene Zylinder tragen konnte und genug Geld verdiente, um den Kindern Münzen zuzuwerfen?*[41] Mit diesem effektvollen Abgang pflegte Al Shean nämlich die Besuche bei seiner armen Verwandtschaft zu beenden.

Minnies erste halbwegs professionelle Unternehmung im Showbusiness endete allerdings mit einer veritablen Pleite. Sie hatte einen weiteren Bruder, Henry (oder Harry), den es ebenfalls ins Rampenlicht zog. Leider hatte er, im Gegensatz zu seinem Bruder Al Shean, weder zum Singen noch zum Tanzen oder Schauspielern Talent – was vielleicht auch damit zusammenhing, dass er kaum etwas hören konnte. Das alles hinderte ihn jedoch nicht daran, eine Künstlerkarriere anzustreben. Sein unbeirrbarer Wille, auf der Bühne zu stehen, und Minnies feste Absicht, weitere Familienmitglieder in den Ruhm zu katapultieren, verbanden sich zu einer unerschütterlichen Allianz. Derlei Voraussetzungen könnten geradezu aus dem Drehbuch für einen Marx-Brothers-Film stammen, und tatsächlich geriet Henrys erster Auftritt ausgesprochen komisch, wenn auch unfreiwillig. Minnie schlug Henry eine Karriere als Bauchredner vor. Zwar konnte er auch das nicht, aber Minnie hatte natürlich eine Idee: Ihr Sohn Gummo, für seine neun Jahre außergewöhnlich klein, sollte in eine große Puppe schlüpfen und Henrys «Stimme aus dem Bauch» sein. Großzügig sah sie darüber hinweg, dass Gummo einen leichten Sprachfehler hatte: Er stotterte. Bei der Generalprobe funktionierte die Schwindel-Nummer dennoch tadellos. Doch beim ersten Auftritt vor Publikum blieb Gummo vor Angst die Sprache weg, und er brauchte länger, um auf Henrys Stichworte zu antworten. Da der aber seinen Partner nicht hören konnte, redete er weiter und setzte Pointen, die Gummo noch gar nicht vorbereitet hatte.[42] Nur zwei Wochen, nachdem Henry und Gummo ins Rampenlicht getreten waren, versanken sie auch schon wieder im Schatten – Henry für immer, Gummo fürs Erste.[43]

Unterwegs

Um die Wende vom 19. zum 20. Jahrhundert hatte das Vaudeville die Bühnen Amerikas erobert. Diese Art der Unterhaltung, entstanden um 1865, entwickelte sich in jenen Jahren ebenso inflationär wie in unseren die Talkshows, Soap-Operas und TV-Movies. Und wie deren Akteure – von geschickten PR-Managern und der einschlägigen Presse – zu «Stars» gemacht werden, so waren auch die Künstler, die im Vaudeville auftraten, die Lieblinge des Publikums.

Mit dem Begriff Vaudeville bezeichnete man ursprünglich Spott-, Trinklieder und Gassenhauer. Zu Beginn des 18. Jahrhunderts wurden auch Possen und Singspiele auf Pariser Varieté-Bühnen als Vaudeville angekündigt. Das Wort ist eine Verballhornung des französischen Tals «Val de Vire» in der Normandie. Dort lebte im 14. Jahrhundert der Dichter Olivier Basselin (gestorben um 1418), der als der Erfinder dieser Art von Liedern gilt.

Das Vaudeville bot gegen Ende des 19. und zu Beginn des 20. Jahrhunderts in Amerika jene Unterhaltung für die Massen, mit denen sie in unseren Tagen vom Kino und vor allem vom Fernsehen beliefert werden. Und für die Künstler war es oft ein Ausweg aus der Armut[44] – für Minnie Marx sicherlich nicht das unwichtigste Motiv, um ihre Söhne im Showgeschäft unterzubringen. Das Vaudeville war eine Weiterentwicklung der ethnisch geprägten «Variety Shows», die in der Mitte des 19. Jahrhunderts populär waren. Sketche mit irischen Komikern waren die Hauptattraktion der «Variety Shows», gefolgt von weißen Komödianten, die als Schwarze geschminkt waren. Dieser Programmteil war ein Überbleibsel der «Minstrel Shows» aus der ersten Hälfte des 19. Jahrhunderts, deren populärster Vertreter bis ins 20. Jahrhundert der Schauspieler Al Jolson war. An dritter Stelle der Beliebtheitsskala standen die Szenen, in denen Schauspieler mit deutschem Akzent, geographisch nicht ganz

Der größte aller Vaudeville-Stars: Al Jolson

korrekt «Dutch comics» genannt, auftraten. Die nationalen Besonderheiten und Idiosynkrasien der Immigranten boten den Unterhaltern, die sich diese Bevölkerungsgruppe als Zielscheibe für ihren Spott ausgesucht hatten, ausreichend Stoff für Witze, die der heute postulierten «political correctness» diametral entgegengesetzt waren.

Eine Tochter der «Variety Show» und damit eine Schwester des Vaudeville war die Burleske. Sie war sozusagen das schwarze Schaf in der Familie der frühen Unterhaltungsformen: Hier waren die Witze schlüpfrig (nach den Maßstäben der damaligen Zeit) und frauenfeindlich (nach den Maßstäben der heutigen Zeit). Dennoch verzichtete man(n) in diesem Genre keineswegs auf Frauen: vorzugsweise en masse und vorzugsweise kaum bekleidet. «1861 fügte Ada Isaacs Menken einen auf einem Pferd dargebotenen Striptease-Akt in eine Burleske ein; 1868 baute die englische Ballerina Lydia Thompson Burlesque Shows gänzlich auf der Sex-Wirkung ihrer Girl-Truppe auf.»[45] «Die Burleske scherte sich den Teufel um Anständigkeit, das Vaudeville strebte danach.»[46]

Tony Pastor (1837–1908) war es, der das Vaudeville stubenrein machte. Der Impresario, Theaterbesitzer und ehemalige Entertainer «beschloss, das Programm so geschmackvoll zu arrangieren, dass Familienväter mit ihren Frauen und Kindern ein Vaudeville-Theater guten Gewissens besuchen konnten. [...]

Auch er gehörte zu den Großen des Vaudeville: Tony Pastor, der seine Laufbahn als Zirkusclown begann.

Die neue Show-Form aus Song und Tanz, Akrobatik und Humor, Dressurakt und Zauberei mit Anleihen bei Minstrel, Zirkus und Operette wurde binnen kurzem dank der Schirmherrschaft ehrenwerter Damen der Gesellschaft zur Attraktion, die man gesehen haben musste.»[47] Außerdem galt für das Publikum in Pastors Theatern – zunächst in der New Yorker Bowery und ab 1881 in der 14. Straße, wo er in das Haus des ehemaligen deutschsprachigen Theaters «Germania» einzog – ein absolutes Rauch- und Alkoholverbot.

Damit weder das religiöse noch sittliche Empfinden seines Publikums gestört wurde, hatte der Theaterbesitzer Benjamin Franklin Keith in seinen hundert übers ganze Land verstreuten Häusern Plakate hinter den Bühnen aufhängen lassen, auf denen die Künstler lesen konnten, dass, sollten sie mit ihrer Darbietung gegen diese Gebote verstoßen, sie sofort hinausgeworfen würden «und niemals wieder ein Theater betreten dürfen, das unter der Leitung von Mr. Keith steht»[48]. Ein ebenso strenger Zensor war der Theatermanager Edward Franklin Albee. Seine Häuser wurden als «Sonntagsschule» verspottet, aber immerhin machte er das Vaudeville zu einer solch respektablen Unterhaltungsform, dass sogar seriöse Schauspielerinnen wie Sarah Bernhardt und berühmte Tänzerinnen wie Anna Pawlowa sich nicht zu schade waren, im Vaudeville aufzutreten. Dort konnten sie nämlich für einen zehnminütigen Auftritt ebenso viel verdienen wie bei ihren Theaterengagements in einer Woche.

«Vaudeville [...] wurde von New York aus über das ganze Land geschickt. Im Wesentlichen wurde das Geschäft von vier Unternehmern beherrscht: B. F. Keith und E. F. Albee in Boston; F. F. Proctor und Martin Beck in New York. Diese Unternehmer bauten luxuriöse Theater für ihre Darbietungen, aus denen dann später die berühmten Kinopaläste werden sollten. [...] Die kleineren Theater in der Provinz blieben kleineren Unternehmern überlassen, die aber meistens ihre Nummern bei den großen buchen mussten.» [49]

«Circuits» hießen diese Theaterketten, deren Konzerne je nach Größe mehrere Häuser im ganzen Land oder in Teilen des Landes besaßen. Die Palette reichte von luxuriösen Bühnenhäusern in den großen Städten, in denen die Stars auftraten, bis zu heruntergekommenen Bretterbuden, die für die meisten Vaudeville-Künstler die obligatorische Startrampe in den erhofften Ruhm waren. Je renommierter der Unternehmer war, desto berühmter waren die Mimen, die über die Bühnen «zirkulierten». Wer beispielsweise im «Keith Circuit» des oben erwähnten B. F. Keith auftrat, gehörte zu den Arrivierten des Gewerbes.

Vaudeville war das Amüsement jener Gesellschaftsschicht, die die Burleske zu frivol fand, sich im klassischen Theater aber langweilte und trotzdem nicht – dank Auftritten der Bernhardt – auf «Bildung» verzichten musste, die ihnen hier häppchenweise verabreicht wurde. «Das Vaudeville ist zwar heutzutage aus den amerikanischen Theatern verschwunden, lebte aber noch recht lange Zeit im Rundfunk und später im Fernsehen weiter, wo beispielsweise die Ed Sullivan Show dem alten Vaudeville am nächsten kam.» [50]

Zwischen 1878 und 1925 gab es rund 25 000 Vaudeville-Künstler, die ihre Sketche, Monologe, Pantomimen, Songs und Tierdressuren in rund 4000 Theatern präsentierten. Die Shows, die aus durchschnittlich neun Nummern bestanden und in manchen Theatern bis zu fünfmal pro Tag über die Bühne gingen, wurden jede Woche komplett ausgetauscht. Dennoch war das Publikum vor Wiederholungen nicht gefeit, denn ein guter Sketch, eine gute Nummer wurden hundert-, tausendfach kopiert. Auch die Marx Brothers bedienten sich bei anderen Kollegen, wie Gummo Marx zugab: *Das meiste von dem, was wir machten, hatten wir bei anderen Komikern zusammengeklaut.*[51]

Auch aus der Alten Welt, vor allem aus Großbritannien, kamen Truppen nach Amerika, um in Vaudeville-Theatern aufzutreten. Das begabteste Mitglied der britischen Fred-Karno-Truppe war ein gewisser Charlie Chaplin, der in den ersten Dekaden des 20. Jahrhunderts durch Amerika reiste und schon bald die Aufmerksamkeit eines Filmproduzenten namens Mark Sennett erregte. Er wollte ihn für seine Filmkomiker-Truppe «Keystone Cops» engagieren. Chaplin lehnte ab – obwohl er statt der 25 Dollar, die er pro Woche beim Theater verdiente, 200 Dollar wöchentlich bekommen hätte. Als Groucho Marx seinen britischen Kollegen einmal fragte, warum er dieses Angebot ausgeschlagen hatte, antwortete Chaplin: «Niemand, nicht einmal der beste Komiker, ist 200 Dollar pro Woche wert.»[52] Vielleicht befürchtete er aber auch bloß, in einem Ensemble von Filmkomikern, das maßgeblich vom Regisseur geprägt wurde, seinen individuellen Stil aufgeben zu müssen, den er in Karnos Truppe pflegen und entwickeln konnte.

Im Vaudeville, diesem theatralischen Gemischtwarenladen, herrschte eine unbarmherzige Hackordnung unter den Künstlern. Der, dessen Name an erster Stelle auf dem Programmzettel genannt wurde, strafte den, der unter ihm stand, mit Verachtung. Auf der Bewertungsskala kamen nach den Komödianten und Sängern die Zauberer und Jongleure. Unter ihnen waren die Akrobaten angesiedelt, darunter gab es nur noch die Tierbändiger, die Parias des Showbusiness. Noch Jahrzehnte nach seinem holprigen Start im Vaudeville erinnerte sich Groucho voller Verwunderung daran, dass eine Sängerin, deren Partner er war, ausgerechnet mit dem Löwenbändiger aus derselben Show durchbrannte.[53]

Der Bedarf an Vaudeville-Künstlern war enorm, und so erhielten auch diejenigen eine Chance, die nicht zu den Besten ihres Fachs gehörten. Zu schlecht allerdings durften sie auch nicht sein – dann bekamen sie den Zorn der Zuschauer zu spüren. *Wenn uns ein Publikum nicht mochte, wurde uns das schnell deutlich. Wir wurden mit Stöcken, Ziegelsteinen, Papierkügelchen, Zigarrenstummeln, Pfirsichkernen und ausgelutschten Zuckerrohrstängeln beworfen. Wir nahmen das alles hin, ohne mit der Wimper zu zucken – bis Minnie uns das Zeichen gab, dass sie unseren Anteil an den Gagen abkassiert hatte. Dann schmissen wir das Zeug ins Publikum zurück und rannten in der Sekunde, in der der Vorhang fiel, wie der Teufel in Richtung Bahnhof.*[54]

Stars des Vaudeville:

Fanny Brice (1891 – 1951)
Eddie Cantor (1892 – 1964)
George M. Cohan (1878 – 1942)
Jimmy Durante (1893 – 1980)
Harry Houdini (1874 – 1926)
Al Jolson (1886 – 1950)
Sophie Tucker (1884 – 1966)
Mae West (1892 – 1980)

Hinzu kam, dass die Schauspieler in jenen Jahren, als es noch keine Künstlergewerkschaft gab, den Theaterleitern auf Gedeih und Verderb ausgeliefert waren. Die Macht des Theatermanagers *war grenzenlos. Wenn man sein Missfallen erregt hatte, konnte er einem eine Konventionalstrafe aufbrummen oder die Nummer komplett aus dem Programm streichen. Das war eine freundliche Umschreibung für die Tatsache, dass er dich aus dem Theater rausschmiss. Verhandeln hatte keinen Zweck. Er war Richter, Geschworener und Staatsanwalt in Personalunion. Wenn er dann noch der Zentralagentur einen Bericht erstattete, konnte dies das Ende der gesamten Tournee bedeuten. Selbst wenn man das Glück hatte, einen schriftlichen Vertrag vorweisen zu können – es nützte nichts. Er konnte ihn zerreißen und dir die Schnipsel ins Gesicht werfen.*[55]

«Reisende Truppen […] zogen von Stadt zu Stadt. 1870 waren die ersten Road Shows auf Tournee gegangen, 1880 waren es etwa fünfzig, 1900 über fünfhundert. […] All die großen Komödianten des ausgehenden 19. und beginnenden 20. Jahrhunderts traten in solchen Theatern auf oder bereisten mit fahrenden Truppen das Land. Keiner ihrer Auftritte dauerte länger als zehn Minuten. Vaudeville zwang sie mit unbarmherziger Konsequenz zu einer Präzision und Konzentration, die man bis dahin im Unterhaltungsgewerbe nicht gekannt hatte. Hier entstand eine Schauspieler- und Komiker-Elite, die für das künftige Musik-Theater Amerikas maßgebend war.»[56]

Nicht nur für das Musik-Theater – auch die Filmindustrie, die sich nach und nach im Westen des Landes ansiedelte, profitierte von der harten Schule des Vaudeville. Dort suchten die Regisseure Künstler für ihre tonlosen «One-Reels», rund zehnminütige Filmsketche, die auf eine Rolle passten und die ihren Darstellern fürstliche Gagen einbringen konnten – vor allem erfolgreichen Bühnenstars. Für sie, die lieber vor Publikum als vor Filmkameras auftraten, waren die üppigen Summen ein Lockmittel. Viele erfolgreiche Theaterschauspieler hielten das, was die Filmgesellschaften machten – sie waren in den seltensten Fällen von künstlerisch ambitionierten Menschen gegründet worden, sondern meist von Goldschürfern und Pelzhändlern –, bestenfalls für ein Jahrmarktsvergnügen. Doch auch manch ein so genannter seriöser Künstler warf seinen beruflichen Standesdünkel über Bord angesichts der Möglichkeit, während weniger Drehtage eine Gage zu bekommen, die höher war als die Summen, für die man eine Spielzeit lang allabendlich auf der Bühne stehen musste.

Groucho war – abgesehen von Gummos missglücktem Auftritt als Bauchrednerstimme – der erste der Marx-Brüder, der die Welt des Vaudeville als «Profi» kennen lernte, und es geschah erstaunlicherweise, ohne dass Minnie daran in irgendeiner Weise beteiligt war. «Junger Sänger für Spitzen-Vaudevillesketch gesucht. Zimmer plus Verpflegung und vier Dollar wöchentlich.» Vierzehn Jahre war Groucho, als er diese Anzeige 1905 in der «New York World» entdeckte. Hier bot sich für ihn die erste – wenn auch nicht beste, wie sich bald herausstellen sollte – Gelegenheit, im angestrebten Beruf Fuß zu fassen. (Angeblich hatte er schon 1902 im Star Melodrama Theatre in der 102. Straße vor Publikum gesungen – und zwar während der Szenenwechsel auf der Bühne vor geschlossenem Vorhang oder mitten im Publikum stehend.[57] Diese Information wird jedoch von keiner zweiten Quelle bestätigt. Nicht einmal Groucho erwähnt dieses Engagement in einem seiner zahlreichen Interviews oder Bücher.)

Groucho lief die sechzig Blocks von der 93. Straße, wo er wohnte, bis zur 33. Straße – *und dann stand ich vor einem der dre-*

ckigsten Mietshäuser, das ich jemals gerochen hatte.[58] Geöffnet wurde die Tür von einem Mann im Kimono, der außerdem Lippenstift aufgetragen hatte. Groucho stand zum ersten Mal in seinem Leben einem Homosexuellen gegenüber. Damals hatte er nicht die geringste Ahnung, was das ist – aber selbst wenn er es gewusst hätte, hätte es ihn wohl kaum davon abgehalten, Mr. Leroy, Larong, Laroux (alle drei Varianten werden in diversen Büchern genannt) vorzuspielen. Mit «Love Me, and the World is Mine» ersang er sich den Job, und gemeinsam mit seinem neuen Chef und dem Tänzer Johnny Morton (nach anderen Angaben: Morris beziehungsweise Kramer) gehörte Groucho nun zum «Leroy Trio».

Zwei Orte waren für die Auftritte vorgesehen: Grand Rapids – wobei Groucho nicht präzisierte, ob es sich um den Ort im Staat New York oder Michigan handelte – und, mehr als zweitausend Meilen südwestlich, Cripple Creek, Colorado. Doch Groucho, erpicht darauf, im Showbusiness Fuß zu fassen, nahm die Ochsentour klaglos auf sich. Er bekam für seine zweiwöchige Arbeit in einem ziemlich miesen Sketch – *nur der Umstand, dass das Theater schon fast leer war, hat uns davor bewahrt, gesteinigt zu werden. […] In Cripple Creek spielten wir, ohne umgebracht zu werden*[59] – sogar acht Dollar. Doch die waren eines Tages aus seinem Versteck unter der Matratze in der billigen Absteige verschwunden, ebenso wie Mr. Leroy und Johnny Morton, die nicht nur Bühnen-, sondern auch Bettpartner waren, was der naive Groucho nicht mitbekommen hatte. Nachdem er sich einige Zeit in Colorado mit Hilfsarbeiten durchgeschlagen hatte, schickte er seiner Mutter ein Telegramm mit der Bitte, ihm das Geld für die Rückfahrt zu überweisen.

Grouchos zweiter Versuch mit den schönen Künsten ließ ihn wenigstens nicht ganz so unsanft vom Thespiskarren fallen. Minnie, die die New Yorker Theateragenturen in der Hoffnung auf ein Engagement für einen ihrer Söhne abklapperte, lernte bei einem Impresario eine Engländerin kennen, die von sich behauptete, eine berühmte Schauspielerin zu sein. Groucho nennt sie einmal Irene Furbelow[60] und einmal Lilly Seville[61]. *Nachdem ich zwei Wochen mit der glamourösen und sexy*

Irene geprobt hatte, war es ziemlich offensichtlich, dass sie noch weniger Talent hatte als ich.[62] Immerhin verdankte Groucho es Irene oder Lilly, dass er erstmals in einem Branchenblatt genannt wurde – und damit tatsächlich die (wenn auch noch nicht höheren) künstlerischen Weihen erhielt. Die Showbusiness-Bibel «Variety» notierte am 2. Februar 1906 über eine Vaudeville-Show im Majestic Theatre in Fort Worth, Dallas: «Die Sängerin Lily Seville und der Sänger Julius Marx waren recht nett.»[63] Aber auch diese «Kritik» führte nicht zu landesweitem Ruhm, was möglicherweise weniger an Grouchos Talent als am Hormonhaushalt von Lilly Seville lag: Sie verliebte sich in einen Löwenbändiger, der ebenfalls in der Show auftrat, und brannte mit ihm durch. Er überließ die Löwen seiner Frau, Lilly überließ Groucho seinem Schicksal: Wieder war er ohne Job. Diesmal musste Minnie das Geld für die Rückfahrkarte nach Dallas, Texas, schicken.

Als Groucho wieder in New York war, besorgte Minnie ihm eine Stelle bei einem Friseur, der die Perücken von Schauspielern reinigte. Bei dieser Arbeit, meinte sie, habe Groucho am ehesten die Chance, berühmte Leute kennen zu lernen, die ihm den Weg ins Theater ebnen könnten. Eine irrige Annahme, wie sich bald herausstellen sollte, denn natürlich brachten die Stars ihre Haarpracht nicht selbst zum Reinigen, sondern schickten ihre Dienstboten. Nichtsdestoweniger gelang es Groucho, weiterhin in «direktem» Kontakt mit dem Showgeschäft zu bleiben. Er konnte immer wieder kleine und kleinste Rollen in diversen Theatern und Wandertruppen ergattern. Für ein Wohltätigkeitskonzert zugunsten der Erdbebenopfer von San Francisco stand «der Junge mit der schönen Sopranstimme» – so war es in einer Kritik zu lesen, die zu Grouchos großem Missvergnügen seinen Namen verschwieg[64] – sogar mit Enrico Caruso, Ignaz Paderewski und Fritz Kreisler auf der Bühne. Und als er mit einem Theaterstück auf Tournee war und von einem Rezensenten mit einem freundlichen Satz erwähnt wurde, ließ die stolze Minnie auf eigene Kosten in vier aufeinander folgenden Ausgaben von «Variety» eine Anzeige veröffentlichen:

A Very Big Hith
Master Julius Marx
With «The Man of Her Choice» Co.[65]

Wenn sie auch selbst kein Talent fürs Theater hatte, so beherrschte sie zweifellos die Instrumente der Werbung und Public Relation aufs Vortrefflichste, indem sie von den knappen finanziellen Mitteln, die ihr zur Verfügung standen, einen Teil in prophetischer Weitsicht auf das noch ziemlich leere Ruhmeskonto ihres Sohnes einzahlte.

Während Groucho nach und nach im Showbusiness Fuß fasste, arbeitete Harpo in jenen Jahren – zwischen 1905 und 1907 – unter anderem als Hotelpage, Stummfilmpianist und Klavierspieler in Etablissements von mitunter höchst fragwürdigem Ruf. Dort verdiente auch Chico sein Geld; nebenbei trat er als Ringer und Preiskämpfer auf. Bedeutend lukrativer war für ihn allerdings sein zweiter Beruf als professioneller Glücksspieler. Erst ab 1907 kam Chico mit dem Showbusiness in engeren Kontakt: Er arbeitete als «song plugger» (so hießen die Pianisten, die in einem Musikverlag der Kundschaft die neuesten Schlager vorspielten) im Verlag Shapiro, Bernstein & Co. in Pittsburgh. Nicht nur geographisch hatte sich der älteste Marx-Sohn am weitesten von seiner Familie entfernt.

Aber es gab ja noch Gummo Marx, der mittlerweile nicht mehr stotterte und der schon erste – wenn auch desaströse – Bühnenerfahrung hatte. Minnie belagerte den sehr erfolgreichen New Yorker Theateragenten Ned Wayburn, den «Drei Nachtigallen» ein Engagement zu verschaffen. So nannte sie das Trio, das aus Groucho, Gummo und einem Mädchen bestand, welches Wayburn aussuchen sollte. Im September 1907 präsentierten sich «The Three Nightingales» erstmals dem New Yorker Publikum. Wayburns Wahl war auf die sechzehnjährige Mabel O'Donnell gefallen, die zwar eine schöne Stimme hatte, aber nie in der vorgegebenen Tonart blieb. Die Kritiken waren nicht überwältigend, aber wohlwollend; eine empfahl die Nachtigallen all jenen, «die ihre Freude an frühreifen Gören haben»[66]. 25 Dollar Gage erhielt jede der Nachtigallen pro Woche. Kein Zweifel – es ging aufwärts. Und Minnie hatte wieder nichts Eiligeres zu tun, als eine Anzeige in «Variety» zu schalten:

THE THREE NIGHTINGALES
Big Hit Everywhere
Minnie Marx, Manager[67]

Als sie nach dreimonatiger Tournee entlang der Ostküste wieder zurück in New York waren, um mit dem inzwischen erweiterten Sketch am Weihnachtsprogramm eines Theaters teilzunehmen, wurde ihr Auftritt von einem Kritiker mit dem bissigen Satz kommentiert: «Die weißen Kostüme, die sie zu Beginn ihrer Nummer tragen, sollten mal in die Reinigung geschickt werden.»[68]

Harpo verdankt seinen Start ins professionelle Showbusiness einem Druckfehler. Am 1. Juni 1908 sollten die drei Nachtigallen in einem Theater in Coney Island, dem großen Vergnügungspark bei New York, auftreten. Mabel O'Donnell war inzwischen durch einen jugendlichen Sänger aus Brooklyn, Lou Levy, ersetzt worden: nicht nur, weil er besser sang, sondern weil Minnie auf diese Weise bei Tourneen die Kosten für ein zusätzliches Hotelzimmer sparen konnte. Henderson, der Theaterbesitzer, hatte jedoch «Vier Nachtigallen» angekündigt, und er weigerte sich, die Plakate neu drucken zu lassen. Entweder vier Nachtigallen oder keine – und damit natürlich auch keine Gage. Kurz entschlossen holte Minnie ihren Sohn Harpo mitten aus einer Filmvorführung, zu der er die Musik klimperte, und schickte ihn auf die Bühne von «Henderson's Coney Island». Kaum stand Harpo neben Groucho, Gummo und Lou, machte er sich, wie er sich später erinnerte, vor Aufregung in die Hose. *Kein Mensch hat mich an jenem Abend bei Henderson in dem Quartett singen hören. Ich klappte nur ungefähr gleichzeitig mit Groucho, Lou und Gummo den Mund auf und zu. Doch ich habe gesungen, einen stummen Schwanengesang. Ich sang den Straßen der East Side, den Klauereien, dem Aufspringen auf Straßenbahnen und Austricksen von Fahrkartenentwertern, dem sorglosen Herumwandern von Job zu Job, dem «Waltz me*

Around Again, Willie» […] ein Lebewohl. Ob es mir passte oder nicht, ich war für den Rest meiner Tage im Showbusiness.[69]

Der Kritiker von «Variety» schrieb über die «netten frischen Jugendlichen»: «Die Jungen verschwenden zu viel wertvolle Zeit mit wirkungslosen Gags und Dialogen. Ihre Sätze sind alles andere als komisch und lassen den Sketch durchhängen. Das meiste davon könnte gestrichen und die so gewonnene Zeit zum Singen genutzt werden.»[70] Vielleicht hatte der Rezensent kein Gespür für den spezifischen Marx'schen Humor; wahrscheinlicher ist jedoch, dass der in jenen Jahren nur in Spurenelementen wahrzunehmen war. Dabei war diese Komik, die auf dem Zusammenspiel des Teams beruhte, das einzige Element, das die Existenz der Marx Brothers langfristig sichern sollte. *Ich glaube nicht, dass einer von uns für sich allein genommen das Zeug zum Star gehabt hätte,* meinte Gummo. *Wir konnten nicht singen, wir konnten nicht tanzen. Wir wurden Komiker, weil wir gar keine andere Wahl hatten. […] Allein der Komik verdanken die Marx Brothers, dass sie nahezu unsterblich geworden sind.*[71]

Der New Yorker Broadway war zwar das Mekka der Vaudeville-Künstler – aber eben der besten und berühmtesten. Zu denen gehörten die Marx Brothers noch nicht. Deshalb beschloss Minnie, dass die Familie nach Chicago ziehen sollte. Die «windy city» war in jenen Jahren die wichtigste Anlaufstelle für Artisten, die auf den kleine-

Der Broadway, 1903

ren Vaudeville-Bühnen auftraten; hier saßen die Künstleragenturen, die sich um Sänger, Komiker und Artisten aus der zweiten Riege kümmerten, und hauptsächlich von hier aus starteten die Truppen zu ihren Tourneen durch den Süden und Mittelwesten der USA. Darüber hinaus war das Einzugsgebiet der Stadt so groß, dass sich manche «acts» ein ganzes Jahr lang in einem Chicagoer Theater halten konnten.

Das allerdings schafften die «Four Nightingales» dann doch nicht. Minnie hatte in Chicago ein Haus gekauft und sich dafür rund 21 000 Dollar zusammengepumpt. Die mussten abgezahlt werden, und das Geld dafür konnte letztlich nur «on the road» verdient werden. *Wenn ich so zurückblicke, frage ich mich, wie wir das überlebt haben. Jene frühen Tage auf der Landstraße waren die reinste Hölle. Wir mussten uns in fremden Städten im mittleren Westen und im tiefen Süden durchschlagen, und immer sprachen drei Dinge gegen uns. Erstens: Wir waren Theaterleute, auf einer Stufe mit Zigeunern und anderem Gesindel. Zweitens: Wir waren Juden. Drittens: Wir sprachen New Yorker Akzent. Und na ja – Nummer vier: Die Four Nightingales waren nicht besonders gut.*[72] Hier wie auch in Äußerungen von Groucho fällt die Diskrepanz auf, die zwischen der Meinung der Brüder über ihre eigenen Talente und Leistungen und den meist wohlwollenden Ansichten der Rezensenten liegt. Fast ein halbes Jahrhundert später kamen Groucho und Harpo ihre Auftritte aus den Anfangsjahren bestenfalls mittelmäßig vor.

Der Wille zum Erfolg allerdings muss so überwältigend gewesen sein, dass die Marx-Familie selbst die größten Strapazen in Kauf nahm, um ihr Ziel zu erreichen: *In unseren ersten drei Jahren auf Tour haben wir zu Fuß bestimmt eine Strecke zurückgelegt, die dem Umfang des Staates Texas entspricht; jeder zwei mit Plakaten, Requisiten und Kostümen voll gestopfte Taschen mit sich schleppend. Wir stapften durch Schneestürme, Regengüsse und Hagelschauer. Wir wurden von Pferdebremsen und Stechmücken blutig gestochen. […] Wir überlebten auch den Fraß, den wir essen mussten. Unsere Standardverpflegung bestand aus Spaghetti, Chili und Bohnen. […] Wir traten mit unserer Nummer auf Baseball- und Rummelplätzen und in Schulen auf, hin und wieder in einem richti-*

Die «Four Nightingales», 1909

gen Theater, doch meistens auf Freilichtbühnen – unterstandähnliche Theater unter freiem Himmel. […] Das war unser Leben zwischen 1910 und 1915. Es war ein Wunder, dass wir durchgehalten haben. Etliche tapfere Theaterleute sind bei solchen Tourneen auf der Strecke geblieben. Meine Brüder und ich hatten keineswegs mehr Mumm als die Burschen, die aufgeben mussten. Wir hatten Minnie.[73]

Und für die erfüllte sich endlich der Traum, selbst auf der Bühne zu stehen. Aus den «Four Nightingales» machte sie die

«Six Mascots». Lou Levy war ausgeschieden, für ihn schloss sich Freddie Hutchins Groucho, Gummo und Harpo an. Die beiden Sängerinnen, die Minnie engagierte, blieben nicht lange bei der Truppe. Da die Zeit zu knapp war, um lange nach Ersatz suchen zu können, sprangen Minnie und ihre Schwester Hannah in die Bresche. Offenbar kaufte das Publikum den gut Fünfzigjährigen ihre Rollen als Teenager ab. Allerdings war ihr Erfolg nicht so überwältigend, dass eine Bühnenlaufbahn zwingend notwendig geworden wäre. Deshalb beschloss Minnie, fortan nur noch hinter den Kulissen die Fäden zu ziehen.[74]

Komische Szenen aus dem Schulalltag gehörten zum Standardrepertoire vieler Vaudeville-Artisten in jenen Jahren. *School Days*, später umbenannt in *Fun in Hi Skool*, hieß der Sketch, mit dem die Marx-Brüder dem Komödien-Trend ihren Tribut zollten. Sie präsentierten eine Mischung aus Wortwitz und Pantomime. Groucho spielte den Lehrer, Gummo einen jüdischen Komiker – ein Relikt aus der ethnisch geprägten Variety-Show – und Harpo, der damals noch sprach, einen renitenten Schüler. Und das riss das Publikum um 1910 vor Lachen von den Stühlen:

Ich fragte Harpo: «Welche Form hat die Erde?» Da er es nicht wusste, versuchte ich ihm zu helfen: «Schau dir meine Manschettenknöpfe an. Wie sehen die aus?» Und er antwortete: «Viereckig.» – Ich sagte dann: «Nein, nicht die hier, sondern die, die ich sonntags trage.» – Er antwortete: «Rund.» – Darauf ich: «Gut. Also, welche Form hat die Erde?» Darauf er: «Wochentags viereckig und sonntags rund.»[75]

Diese anspruchslose Pointe wurde im Lauf der Zeit ausgetauscht gegen andere Gags, in denen bereits jene Wortakrobatik und Ansätze des szenischen Chaos auftauchen, die typisch werden sollten für die Theaterstücke und besonders die Filme der Marx Brothers. So fragt Groucho in einer anderen Version von *Fun in Hi Skool*: *Was sind die wichtigsten Teile einer Katze?* Diesmal antwortet Gummo: *Augen, Ohren, Nase, Kinn und Schwanz. – Das ist nicht alles*, sagt Groucho. *Was hat eine Katze, das ich nicht habe?* Die Antwort ist eines jener Wortspiele, die später in den Synchronfassungen der Filme weitgehend der

Die «Six Mascots»: Tante Hannah, Freddie Hutchins, Groucho, Gummo, Minnie und Harpo (v. l.)

Übersetzung zum Opfer fielen, was den Filmen viel von ihrem ursprünglichen Witz nahm. Gummo antwortet: *Kittens.* Das heißt natürlich *Kätzchen*, aber «to have kittens» bedeutet auch «aus dem Häuschen geraten, explodieren». Genau das tut Groucho in dem Moment: Er schnauzt Harpo an, er solle nicht mit seinem Hut spielen, den er bei all seinen Auftritten trug. In dem Moment lässt Harpo aus diesem Hut eine Orange auf den Boden fallen, alle Schüler wollen sie aufheben und beginnen eine Balgerei, und die Szene gipfelt in einem gewaltigen Tohuwabohu. *Das fand man damals umwerfend komisch*, fasste Groucho die Episode zusammen.[76]

Auch W. C. Fields war voll des Lobes über den Sketch der Marx Brothers: «Sie sangen und tanzten und spielten die Harfe und alberten total ausgelassen umher, sie waren Spitzen-Künstler. Ich habe in meinem ganzen Leben nie so viel Nepotismus und solch gewaltiges Gelächter in einem einzigen Sketch gesehen und gehört. Es war der einzige Sketch, bei dem ich auf verlorenem Posten stand, wenn ich danach auftreten musste. Deshalb habe ich dem Theaterleiter in Columbus erzählt, ich hätte mir die Hand gebrochen. Und dann bin ich aus dem Programm ausgestiegen.»[77]

Die Marx Brothers schufen eine Tradition der Commedia dell'Arte, die sich im Milieu der Wolkenkratzer angesiedelt hatte.
Marcel Marceau

Fern von der Familie hatte Chico durch seine Arbeit beim Musikverlag Shapiro, Bernstein & Co. in Pittsburgh einen talentierten Kollegen, Arthur Gordon, gefunden, mit dem er eine Zeit lang als Team – er selbst als Pianist, Gordon als Sänger – auftrat. 1912 trennten sich die beiden, und Minnie holte Chico in den Schoß der Familie zurück. Von nun an sollte der harte Kern der Marx Brothers – Groucho, Chico und Harpo – 37 Jahre lang, bis zu ihrem letzten Film 1949, zusammenbleiben. Minnie hatte ihr Ziel erreicht: Ihre Söhne – bis auf den gerade elfjährigen Zeppo – waren im Showbusiness, und sie waren sogar leidlich erfolgreich. Für die stolze Mutter war nun die Zeit gekommen, den Olymp des Unterhaltungsgewerbes zu erklimmen: Die Marx Brothers mussten den Broadway erobern.

Bretter, die das Geld bedeuten

Am 24. März 1913 wurde das «Palace Theater» am Broadway eröffnet. Martin Beck hatte mehr als eine Million Dollar in das Haus investiert; es war nicht nur das bis dahin teuerste, sondern mit rund 1800 Plätzen auch das größte Theater New Yorks. Es sollte das führende Haus von Becks Theaterkonzern entlang der Ostküste werden. Das «Palace», das später von B. F. Keith übernommen wurde, erwarb sich rasch einen Ruf als Sprungbrett in den Ruhm. Wer hier auftrat, konnte über Nacht zum Star werden. Wer das nicht schaffte, dem war zumindest eine bessere Behandlung in den kleineren Vaudeville-Theatern in der Provinz sicher: Auf der Bühne des «Palace» zu stehen bedeutete für einen Entertainer so viel wie für einen Opernsänger ein Engagement an der «Met».

Freilich war das «Palace» bei vielen Künstlern auch gefürchtet, denn das Publikum war äußerst anspruchsvoll. Kein Wunder: Schließlich kostete eine Eintrittskarte für eine Matinee 50 Cent, und für eine Abendvorstellung musste man den bis dahin unerhörten Preis von einem Dollar bezahlen. Dafür erwarteten die Zuschauer Spitzenleistungen. Folglich scheuten einige Unterhalter das «Palace» wie der Teufel das Weihwasser. Al Jolson, einer der berühmtesten Entertainer seiner Zeit und Star des ersten Hollywood-Tonfilms («The Jazz Singer», 1927), hat das «Palace» nie betreten, und auch der Sänger, Schauspieler, Tänzer, Theaterautor und Regisseur George M. Cohan, einer der erfolgreichsten Broadway-Stars seiner Zeit, hat sich stets geweigert, auf diese Bühne zu gehen.

Derlei Bedenken waren Minnie Marx vollkommen fremd. Sie nannte sich jetzt als Managerin übrigens Palmer – zum einen, um den Eindruck von Nepotismus möglichst gering zu halten, zum anderen, weil es eine berühmte Schauspielerin namens Minnie Palmer gab und entsprechende Verwechslungen von Minnie Marx' Seite durchaus erwünscht waren. Am

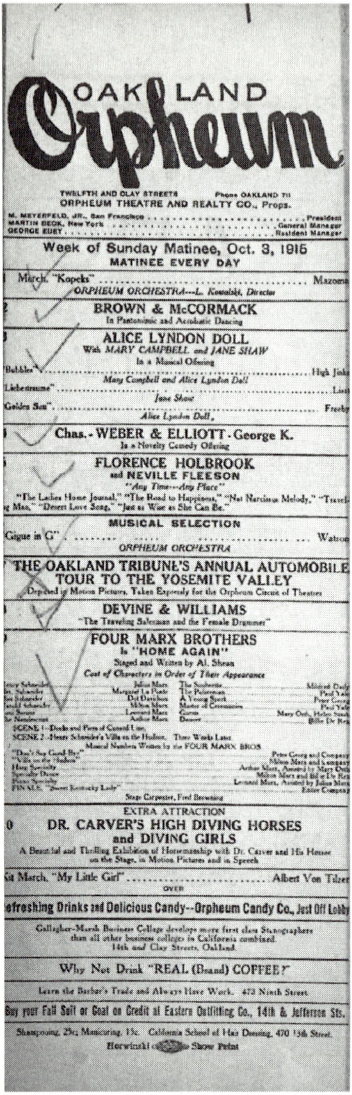
OAKLAND

Orpheum

TWELFTH AND CLAY STREETS Phone OAKLAND 711

ORPHEUM THEATRE AND REALTY CO., Props.

M. MEYERFELD, JR., San Francisco .... President

MARTIN BECK, New York .... General Manager

GEORGE EBEY .... Resident Manager

Week of Sunday Matinee, Oct. 3, 1915

MATINEE EVERY DAY

March, "Kopeks" .... Mazoens

ORPHEUM ORCHESTRA---L. Kowalski, Director

BROWN & McCORMACK

In Pantomimic and Acrobatic Dancing

ALICE LYNDON DOLL

With MARY CAMPBELL and JANE SHAW

In a Musical Offering

"Bubbles" .... High Jinks

Mary Campbell and Alice Lyndon Doll

"Liebestraume" .... Liszt

Jane Shaw

"Golden Sea" .... Freeby

Alice Lyndon Doll.

Chas. - WEBER & ELLIOTT - George K.

In a Novelty Comedy Offering

FLORENCE HOLBROOK

and NEVILLE FLEESON

"Any Time---Any Place"

"The Ladies Home Journal," "The Road to Happiness," "Nat Narcissus Melody," "Traveling Man," "Desert Love Song," "Just as Wise as She Can Be."

MUSICAL SELECTION

"Gigue in G" .... Watson

ORPHEUM ORCHESTRA

THE OAKLAND TRIBUNE'S ANNUAL AUTOMOBILE TOUR TO THE YOSEMITE VALLEY

Depicted in Motion Pictures, Taken Expressly for the Orpheum Circuit of Theatres

DEVINE & WILLIAMS

"The Traveling Salesman and the Female Drummer"

FOUR MARX BROTHERS

In "HOME AGAIN"

Staged and Written by Al. Shean

Cast of Characters in Order of Their Appearance

SCENE 1—Docks and Piers of Cunard Line.

SCENE 2—Henry Schneider's Villa on the Hudson. Three Weeks Later.

Musical Numbers Written by the FOUR MARX BROS

Stage Carpenter, Fred Browning

EXTRA ATTRACTION

DR. CARVER'S HIGH DIVING HORSES and DIVING GIRLS

A Beautiful and Thrilling Exhibition of Horsemanship with Dr. Carver and His Horses on the Stage, in Motion Pictures and in Speech

Exit March, "My Little Girl" .... Albert Von Tilzer

OVER

Refreshing Drinks and Delicious Candy--Orpheum Candy Co., Just Off Lobby

Gallagher-Marsh Business College develops more first class Stenographers than all other business colleges in California combined. 14th and Clay Streets, Oakland.

Why Not Drink "REAL (Brand) COFFEE?"

Learn the Barber's Trade and Always Have Work. 473 Ninth Street

Buy your Fall Suit or Coat on Credit at Eastern Outfitting Co., 14th & Jefferson Sts.

Shampooing, 25c; Manicuring, 15c. California School of Hair Dressing, 470 13th Street.

Horwinski Show Print

Programm des Orpheum Theatre in Oakland / Kalifornien, 1915

22. Februar 1915 hatten die Marx Brothers ihren ersten Auftritt am Broadway mit dem Sketch *Home Again*, für den ihr Onkel Al Shean alte Gags aus *School Days* mit neuen Ideen aufgefrischt hatte. Fünf Monate hatten sie *Home Again* auf einer landesweiten Tournee ausprobiert und verbessert, ehe sie das Stück am Broadway spielten. Als Höhepunkt der Programmfolge war Madame Emma Calvé vorgesehen, die «größte musikalische Attraktion in der Geschichte des ‹Palace›», wie sie vollmundig angekündigt wurde. Folglich stand sie am Ende des Programms – nach dem Sketch der Marx Brothers. Sie kam in der ersten Matinee-Vorstellung nach ihnen auf die Bühne – und dann nie wieder.[78] Nach dem turbulent-verrückten *Home Again*-Sketch, der rund vierzig Minuten dauerte und das Publikum zu Begeisterungsstürmen trieb, stand «die größte musikalische Attraktion» auf hoffnungslos verlorenem Posten – sozusagen eine Vorbotin der pompös naiven Margaret Dumont, mit der die Marx Brothers einige Jahre später auf der Bühne und der Leinwand ihre rüden Späße treiben sollten.

Madame Calvé wurde später ersetzt durch Sarah Bernhardt.

Die berühmte Schauspielerin hatte bereits nur noch ein Bein, und ihr Auftritt muss, wenn Grouchos Erinnerung nicht trügt, im Umfeld einer Nummernrevue von grandioser Bizarrheit gewesen sein: Sie rezitierte, in einem Sarg liegend, einen Monolog. Sie bestand darauf, jeden Abend vor ihrem Auftritt ihre Gage von 1000 Dollar zu bekommen. *Ich hatte zwei Beine und bekam nur 50.*[79] Auch wenn Groucho sich trotz körperlicher Unversehrtheit mit fünf Prozent von Bernhardts Abendhonorar zufrieden geben musste, so hatten die Marx Brothers einen gewaltigen Schritt vorwärts getan: Sie hatten den Broadway im Sturm erobert. Der Kritiker von «Variety» bestätigte es ihnen am 27. Februar 1915: «Das enttäuschende ‹Palace›-Programm sah ganz und gar nicht nach einem Abend im ‹Palace› aus – bis im zweiten Teil die vier Marx Brothers mit ‹Home Again› Bewegung auf die Bühne brachten. [...] Der Sketch bewies seine Qualität, indem er das Publikum im größten Vaudeville-Theater vierzig Minuten lang zu begeistern wusste. Die Zuschauer liebten die Truppe, ihren Dialog, ihre Musik und ihren Witz, und besonders Arthur [Harpo] Marx, der als dummer Junge mit seiner Art von Komik viel Aufmerksamkeit erregte.»[80]

Dass es ausgerechnet Harpo war, der in dem Durcheinander auf der Bühne dem Rezensenten besonders aufgefallen war, war kaum verwunderlich: Er sagte nämlich kein einziges Wort. Al Shean hatte für Harpo in *Home Again* ganze drei Sätze vorgesehen.[81] Harpo meinte daraufhin verärgert, das sei ihm zu wenig, und er werde deshalb *einfach aus dem Stegreif erfinden, was ich sagen wollte. «Okay, okay», sagte Onkel Al. «Tu dir keinen Zwang an.» [...] Der Kritiker der Zeitung von Champaign-Urbana schrieb ungefähr Folgendes: «Der Marx Brother, der Patsy Brannigan spielt, ist sehr witzig aufgemacht: Seine Pantomime als irischer Einwanderer ist sehr amüsant. Leider geht diese Wirkung verloren, sobald er den Mund aufmacht.» Onkel Al hatte also Recht gehabt. Ich konnte nicht so gut reden wie Groucho oder Chico, und ich hätte nie versuchen dürfen, sie zu überbieten. Dennoch war es ein schwerer Schlag für meinen Stolz. [...] Ich wurde stumm. Als Marx Brother sprach ich nie wieder ein Wort, weder auf der Bühne noch vor einer Kamera.*[82]

Sehr schnell perfektionierte Harpo sich in der Kunst der

wortlosen Komik: *Da ich nun hauptberuflich Pantomime war, dachte ich mir eifrig neue stumme Gags aus. Ich klaute eine Hupe von einem Taxi und steckte sie mir in den Hosenbund. Als Chico und ich eine Balgerei anfingen […], ertönte die Hupe.*[83] Die laut und ordinär quiekende Hupe wurde ebenso wie die Harfe zum unverwechselbaren Erkennungsmerkmal von Harpo; beide Requisiten begleiteten ihn bis ans Ende seiner Karriere.

Vom unerschütterlichen Glauben an die Qualität des Sketches *Home Again* und an das Talent ihrer Söhne zeugte eine Anzeige, die Minnie in «Variety» veröffentlichte. Dort versprach sie jedem Theaterleiter, «diese 38 Minuten voller Gelächter» würden so viele Zuschauer anlocken, dass die Wochengage für das gesamte Ensemble gedeckt sei – andernfalls wollten sie umsonst auftreten. Mit Entsetzen und Panik reagierten die Söhne auf die vollmundige Reklame für den «großartigsten Comedy Act in der Geschichte des Showgeschäfts»[84]. Doch Minnie hatte – wieder einmal – die richtige Taktik angewendet: *Home Again* wurde von zahlreichen Theaterleitern gebucht und verschaffte den Marx Brothers auf Monate hinaus Arbeit.

Spätestens mit den Farcen, in denen die Marx Brothers ab Anfang der zwanziger Jahre im Theater auftraten, und erst recht mit Beginn ihrer Filmkarriere haben sich die Stilmittel und Erkennungsmerkmale ihrer Figuren endgültig verfestigt. Groucho karikiert, mit großer Hornbrille, üppigem, aufgemaltem Schnurrbart und ebensolchen Augenbrauen, schlecht sitzendem Frack und dicker Zigarre den sprichwörtlichen Kapitalisten oder einen bornierten Vertreter des Großbürgertums, jener Gesellschaftsschicht, die mit seinem ätzenden Wortwitz zu entlarven seine Lieblingsbeschäftigung werden sollte. Seine Charaktere haben sich den Slogan «If you can't beat them, join them» (Wenn du sie nicht schlagen kannst, schlag dich auf ihre Seite) zum Leitmotiv erkoren – aber nur, um ihnen dann, als Parvenüs auf die gleiche gesellschaftliche Ebene wie die Objekte ihres Spotts geklettert, die Maske vom Gesicht zu reißen, sie zu verhöhnen und zu demütigen. Zu seinem gestischen Repertoire gehören rudernde Armbewegungen, ein Gang mit halb nach vorn gebeugtem Oberkörper und langen, weit ausholenden Schritten – ursprünglich gedacht als Imitation der Gehweise eines alten Mannes – und seine Art, sich dicht an seine Gesprächspartner, vor allem wenn es sich um Frauen handelt, heranzuwerfen.

Auch Harpo liebt engen Körperkontakt – vorzugsweise bei wohl proportionierten Blondinen, die er unvermittelt anspringt und fest umklammert hält. Dem fintenreichen und hemmungslosen Kobold ließ der Zensor diesen Akt des durchaus doppeldeutig zu interpretierenden «Bespringens» stets durchgehen: Harpos naiven Narren haftet ganz und gar nichts Erotisches an. Ein einziges Mal nur ist er wirklich verliebt: Als er in seinem letzten Film *Love Happy* Maggie (Vera-Ellen) tanzen sieht, verrät sein verklärter Gesichtsausdruck seine wahren Gefühle. Wenn er nicht mit Harfe oder Hupe hantiert oder irgendwelche Streiche ausheckt, kommuniziert er in aufgeregter Gestik mit dem ganzen Körper. Außerdem verblüfft er sein Gegenüber damit, dass er ihm – oder ihr – bei der Begrüßung

Harpo Marx, der stumme Komödiant.
Szene aus «Go West», 1940

sein Bein statt seiner Hand gibt – eine Geste, die Schule machte. Auf einer Promotions-Tournee für *A Night at the Opera* 1936 wurde Harpo in London König Edward VIII. vorgestellt, der nach einem Jahr Regentschaft die Hochzeit mit einer amerikanischen Witwe dem englischen Thron vorzog und deshalb zum Duke of Windsor degradiert wurde. Bei diesem Treffen outete sich Seine Hoheit als kenntnisreicher Marx-Brothers-Fan: Als Harpo ihm vorgestellt wurde, reichte der König von England ihm sein Bein.[85]

Chicos Charaktere sind, in krassem Gegensatz zu seinem Privatleben, in der Regel sexuelle Neutren, die zu Frauen ein bestenfalls freundlich distanziertes, meist aber scheues Verhältnis haben. Es reicht Chico, sich in ihrer Bewunderung zu sonnen, wenn sie um sein Klavier stehen, das er mit einer speziellen virtuosen Fingerakrobatik spielt.[86] Er verkörpert den italienischen Straßenhändler, schlitzohrig, fintenreich, verschlagen, aber im Grunde gutmütig. Sein Verständigungsmittel ist ein haspelndes, in rasendem Tempo vorgetragenes Italo-Englisch, das er, so hat man den Eindruck, bewusst unverständlich hält, um sich im Zweifelsfall nicht festzulegen und im Notfall herausreden zu können. Man sieht ihn nie ohne seinen Hut, der ein wenig an den Pinocchios erinnert. Während Harpo in bester Clownstradition gekleidet ist – schlabbernde Hosen, weite Umhänge, unter denen viel Platz ist für die Requisiten, die er für seine überraschenden Gags benötigt –, bevorzugt Chico bunt zusammengewürfelte Kleidung, die irgendwo zwischen ärmlich und originell angesiedelt ist. Dazu hat der älteste der Marx Brothers eine Schwäche für Kalauer: Keiner ist zu platt, um nicht in das Bühnenstück oder Drehbuch aufgenommen zu werden.

Nach ihrem Auftritt im «Palace» waren die Marx Brothers Stars. Freilich: Ihr Durchbruch kam zu einem Zeitpunkt, als die Blüte des Vaudevilles bereits zu welken begann. Ein sicheres Zeichen dafür war der Umstand, dass einige Theaterleiter begannen, «Künstler» unter Vertrag zu nehmen, die weniger durch ihr Talent als vielmehr durch negative Schlagzeilen in der Presse aufgefallen waren. So engagierte William Hammerstein, Vater des Musical-Librettisten Oscar, zwei Sängerinnen,

Eine der seltenen Aufnahmen, auf denen die Marx-Familie komplett versammelt ist: Harpo, Chico, Vater Sam, Zeppo, Mutter Minnie, Gummo und Groucho (v. l.). Foto aus dem Jahr 1915

die einen Mann angeschossen hatten, und kündigte sie als «The Shooting Stars» an. Und im «Prospect Theater» in Brooklyn trat eine Frau auf, die in einem spektakulären Mordprozess freigesprochen worden war.[87]

Nicht nur künstlerisch gerieten die Vaudeville-Theater um das Jahr 1915 in eine Krise. Ein neues Medium machte ihnen immer mehr zu schaffen; ein Medium, das im Zeitalter des Automobils das Vaudeville wie ein Relikt aus der Postkutschenzeit erscheinen ließ: der Film. Wurden die «one reelers» zunächst nur als zusätzliche Attraktion am Schluss der Vaudeville-Programme eingesetzt, so machte erstmals der Regisseur D.W. Griffith mit seinem 1915 uraufgeführten Epos «The Birth of a Nation» klar, dass der Film mehr sein konnte als ein Rausschmeißer in einem Unterhaltungsprogramm.[88]

Chico erkannte als Erster die Zeichen der Zeit. Er drängte darauf, dass die Marx Brothers neue, bessere Sketche bekamen.

Vor allem Groucho musste umdenken. Den deutschen Akzent, den er seit Beginn seiner Karriere gepflegt und der ihm regelmäßig Lacher eingebracht hatte, fand das Publikum, der immergleichen Pointen überdrüssig, nicht länger komisch – auch deshalb, weil die Zielscheibe des Spotts, die deutschen Immigranten, zu Beginn des Jahrhunderts nicht mehr so zahlreich nach Amerika strömten wie in den Jahrzehnten zuvor. Und dann verlor das deutsch-englische Sprachengemisch sozusagen über Nacht sein komisches Potenzial vollkommen: Als am 7. Mai 1915 das britische Passagierschiff «Lusitania» vor der irischen Küste von einem deutschen U-Boot versenkt wurde und 1198 Menschen, darunter 139 Amerikaner, ums Leben kamen, ging eine Welle antideutscher Stimmung durch die Vereinigten Staaten. Groucho musste sofort reagieren, wenn er auf der Bühne überleben wollte: Er tauschte seinen deutschen gegen einen jiddischen Akzent ein. Als er ihn zum ersten Mal benutzte, merkte er, dass die Leute sogar länger lachten als bei seinen Deutsch-Verdrehungen. Damit war das Ende von Groucho als «Dutch comic» besiegelt.

Und einen weiteren wichtigen Einschnitt in ihrer Karriere erlebten die Marx Brothers: Sie bekamen einen neuen Manager. Das Geschäft war härter geworden; Minnies grenzenlose Begeisterung für das Showbusiness allein reichte nicht mehr aus, um sie für ihre Arbeit als Managerin der Truppe zu qualifizieren. Chico überredete sie, nach Chicago zurückzukehren und sich um den jüngsten Sohn, Zeppo, zu kümmern, der, was seine charakterliche Entwicklung anging, auf dem besten Wege war, ein zweiter Chico zu werden. Und das Unmögliche geschah: Minnie willigte ein. Während Groucho auf der Bühne zum Kopf der Marx Brothers wurde, wuchs Chico hinter den Kulissen in diese Position hinein. Mit demselben Geschick, das er bei Pokerpartien an den Tag legte, handelte er nun Engagements und Gagen aus. Darüber hinaus wurde er zur moralischen Stütze seiner Brüder, wenn diese an ihren Fähigkeiten zweifelten: *Chico versicherte uns andauernd, wie gut wir seien*, sagte Groucho. *Harpo und ich zweifelten immer. Wir glaubten nicht, dass wir es schaffen würden.*[89] Nur Gummo gab in dieser Zeit auf. 1916 verließ er die Truppe, um sich einer anderen anzuschließen: Er meldete sich zur Armee. *Ich merkte, dass ich ein mieser Schauspieler war. Vermutlich der schlechteste von uns vier. Außerdem konnte ich mir nicht vorstellen, gemeinsam mit meinen Brüdern für den Rest meines Lebens auf der Bühne zu stehen. Also beschloss ich, aus dem Showbusiness auszusteigen.*[90]

Milton «Gummo» Marx war der erste der fünf Brüder, der die Komödiantentruppe verließ – er ging 1916 zur Armee.

War Gummo schon die Ochsentour der ersten Jahre erspart geblieben, so brauchte er nun auch nicht die Achterbahnfahrt zu durchleiden, zu der die Karriere seiner Brüder nach dem ersten New Yorker Erfolg wurde. Um den Niedergang des Vaudeville überleben zu können, beschlossen sie, ein abendfüllendes Stück einzustudieren – oder besser, Minnie beschloss es, denn es hatte sie nicht lange in dem ihr aufgenötigten Ruhestand gehalten. Sie beauftragte den Theaterautor Jo Swerling, ein Stück für die Marx Brothers plus einem Ensemble zu verfassen, Al Shean sollte Regie führen und Gus Kahn die Songs schreiben. Die musikalische Revue hieß *The Street Cinderella*, wurde am 28. September 1918 in Grand Rapids uraufgeführt und endete sechs Tage später in Benton Harbor (Michigan), ohne je das angestrebte Ziel, den Broadway, erreicht zu haben. Um weiter arbeiten zu können, gruben die Marx Brothers ihren alten Sketch *Home Again* wieder aus, nannten in *'N Everything* und zogen mit ihm bis Februar 1921 durchs Land.

Ein Jahr zuvor hatten die Marx Brothers erstmals vor einer Kamera gestanden. Charlie Chaplin, der zehn Jahre zuvor zu Groucho gesagt hatte, kein Komiker sei 200 Dollar die Woche wert, verdiente inzwischen mehr als eine Million Dollar pro Jahr mit seinen Filmen. Vielleicht lag ja dort und nicht auf der Bühne auch die Zukunft der Marx Brothers. Sie drehten einen Kurzfilm mit dem Titel *Humor Risk.* Das Wortspiel war so flau wie der Inhalt, zu dem es, gemessen an den erhaltenen rudimentären Inhaltsangaben, in keinem erkennbaren Zusammenhang stand.[91] Gedreht wurde in New Jersey und Manhattan. Einzig der Kameramann hatte Filmpraxis, entsprechend war das Ergebnis: Kein Filmtheater wollte die krause Story vorführen. Schließlich ließ sich der Onkel eines der an der Produktion beteiligten Mitglieder überreden, den Kurzfilm in seinem Kino in der Bronx zu zeigen. Es blieb eine einmalige Angelegenheit, denn der Film wurde vom Publikum erbarmungslos ausgebuht. Die Kopie wurde verbrannt, das Negativ ist nie wieder aufgetaucht. Wieder kehrten die Marx Brothers reumütig zum Vaudeville zurück, und sie konnten froh sein, dort noch Arbeit zu finden angesichts von 12 000 arbeitslosen Kollegen.

Ein Abstecher nach London, der sich nach einer katastrophalen Premiere doch noch in ein umjubeltes Gastspiel ummünzen ließ, führte dazu, dass die Marx Brothers, zurück in Amerika, die Zugkraft ihres Namens über- und die Macht der Theaterleiter unterschätzten. E. F. Albee tobte: Das Quartett stand bei ihm unter Vertrag und hatte den Abstecher nach England ohne seine Einwilligung unternommen. Noch ganz benommen von ihrem Londoner Erfolg, nahmen die Marx Brothers den Kampf mit Albee auf – und verloren. Er belegte sie mit Auftrittsverbot in all seinen Theatern und sorgte dafür, dass ihnen auch keiner seiner Kollegen ein Engagement gab. Einzig die Shubert Brothers waren bereit, das Quartett auf Tournee zu schicken. Aber die Shuberts boten nicht nur Vaudeville auf niedrigstem Niveau, sie waren auch sehr nachlässig, was das Zahlen der Gagen anging.

Hollywood Follies hieß die Revue, mit denen die Marx Brothers in ihrer Heimat wieder Fuß fassen wollten. Die Show brach während der Tournee auseinander. Für den Rest der Truppe und der Reise übernahmen die Marx Brothers die Verantwortung. Ein theaterbegeisterter Chinese, Besitzer eines Restaurants, steckte noch einmal 10000 Dollar in die Show. Aber sie war nicht mehr zu retten. Das Geld konnte nicht eingespielt werden. Nach dem Albee-Bann wagten nun auch die kleineren Vaudeville-Theater nicht mehr, die Marx Brothers zu engagieren. Der Produzent Charles Dillingham, den Chico seit 1919 davon zu überzeugen versucht hatte, dass das Quartett reif sei für eine eigene Broadway-Show, hatte kein Projekt für sie gefunden. Die Marx Brothers mussten noch einmal von vorn anfangen.

Aufwärts

Die Rettung kam in Gestalt eines wohlhabenden Unternehmers aus Hackensack, New Jersey, dessen Geliebte eine Bühnenlaufbahn als Revuetänzerin anstrebte. Dass sie dazu kein Talent hatte, störte den verliebten Geschäftsmann überhaupt nicht. Er war wild entschlossen, seiner Freundin den Start in den Bühnenruhm zu finanzieren. Das Einzige, was ihm fehlte, war eine Show, die rund um das Mädchen aufgezogen werden konnte. Der Produzent, den er deswegen angesprochen hatte, wandte sich seinerseits an die Marx Brothers. Die vage Hoffnung, das Mädchen von der Bühne fern halten zu können, sobald sie auf Tournee und damit außer Reichweite des Galans waren, und die Tatsache, dass die Show die einzige Möglichkeit für die Brüder war, wieder arbeiten zu können, waren ausreichend, sich auf das tollkühne Unternehmen einzulassen.

25 000 Dollar wollte der Geschäftsmann in die Show stecken – selbst für damalige Verhältnisse sehr wenig, um eine aufwendige musikalische Revue auf die Bühne zu bringen. Die Marx Brothers kauften gebrauchte Kulissen und Kostüme und stellten eine Truppe von rund 20 Schauspielern, Tänzern und Sängern zusammen. Nach den ersten Proben war allen Beteiligten klar, dass das Mädchen eine künstlerische Katastrophe war – aber sie war die einzige Brücke zum Geld. Zwar war sie nur eines von den «30 dangerously beautiful girls» – so wurden die Tänzerinnen auf dem Plakat angekündigt[92] –, aber selbst das hätte ausgereicht, die Arbeit aller anderen zunichte zu machen. Zum Glück für die Show, die am 4. Juni 1923 in Philadelphia Premiere hatte und *I'll Say She Is* genannt wurde – der Titel bezog sich auf eine gängige Redensart der damaligen Zeit: «Isn't she a beauty? – «I'll say she is» (Ist sie nicht eine Schönheit? – Das kann man wohl sagen)[93] –, glaubte das Publikum, die Tollpatschigkeit der Tänzerin sei beabsichtigt und quittierte deren Stolpereien mit Gelächter.

Plakat zum ersten großen Erfolg der Marx Brothers

Die Marx Brothers und ihre Kollegen wussten natürlich, dass dieser Effekt früher oder später verpuffen und die Zuschauer merken würden, dass die Tänzerin tatsächlich untalentiert war und nicht nur so tat. Doch das Glück war auf der Seite des Ensembles: Das Mädchen verliebte sich in einen Tänzer. Daraufhin stellte der ebenso erzürnte wie generöse Geschäftsmann die Marx Brothers vor die Alternative: Wenn sie seine Freundin nicht sofort hinauswürfen, würde er ihnen keinen Pfennig mehr geben, um *I'll Say She Is* weiter spielen zu können. Die Entscheidung fiel den Brüdern nicht schwer. Und nun entwickelte sich die Show zu einem regelrechten Hit, mit dem die Marx Brothers fast ein Jahr durchs Land ziehen und schließlich, am 19. Mai 1924, einen sensationellen Erfolg im New Yorker Casino Theater an der 39. Straße / Broadway verbuchen konnten. Zwar war der «big white way» kein absolutes Neuland für die Marx Brothers, aber zuvor waren sie nur als eine Nummer in einer Vaudeville-Show im «Palace» aufgetreten. Jetzt konnten sie ein abendfüllendes Stück anbieten – wenn auch keines mit rotem Handlungsfaden, sondern lediglich lose aneinander gereihten Szenen –, und das Publikum stand Schlange, um sie zu sehen.

Ein besonderer Triumph und eine große Genugtuung wurde die Broadway-Premiere von *I'll Say She Is* für Minnie. Weil sie sich kurz vor Beginn der Aufführung ein Bein gebrochen hatte, musste sie auf einer Bahre ins Theater getragen werden – und ihr Einzug glich dem Triumphzug eines römischen Imperators. *Das war ihr persönlicher Sieg. Das war das Ergebnis von 20 Jahren kratzen und kriechen, betteln und schmeicheln. Und ich bin sicher, dass dieser Abend jede Minute der vorhergehenden Entbehrungen wert war. Man muss ja auch zugeben, dass dies ein wirklich ungewöhnliches Ereignis war. Nie zuvor in der Geschichte des Theaters waren vier Brüder die Stars ihrer eigenen Broadway-Show gewesen.*[94]

Angesichts der Tatsache, dass in derselben Saison Publikumsmagneten wie Fred und Adele Astaire (in Gershwins «Lady Be Good»), Gertrude Lawrence und Beatrice Lillie (in «Charlot's Revue») auftraten, die Operetten «Rose Marie» und «The Student Prince» (in Deutschland bekannt unter «Alt Heidelberg») allabendlich ausverkauft waren und auf dem Sprechtheater Erfolgsstücke wie «What Price Glory?» von Maxwell Anderson und Eugene O'Neills «Gier unter Ulmen» um das Interesse des Publikums warben, war der Erfolg der Marx Brothers umso höher zu bewerten.

Ein Kritiker schrieb in der New Yorker «Sun»: «[...] diese Harlekinade [enthält] die komischsten Minuten [...], die den Premierenbesuchern seit langem vergönnt gewesen sind. Das Stück bietet einen farbenfrohen und quicklebendigen Rahmen für das Treiben der hoch begabten Four Marx Bothers. [...] Rollt den roten Teppich aus, wenn ein großer Clown in die Stadt kommt. [Harpo Marx] ist ein großer Clown.»[95] Diese Worte stammten von Alexander Woollcott, einem eitlen, arroganten, sehr gebildeten und humorvollen Kritiker – und dem von allen Künstlern am meisten gefürchteten. Seine Artikel entschieden häufig über Wohl und Wehe einer Show und über die Zukunft

Die Marx Brothers: Harpo, Groucho, Zeppo und Chico, um 1925

eines Schauspielers. Die Marx Brothers hatten von ihm nichts zu befürchten: Er mochte sie, und am meisten mochte er Harpo. Er freundete sich mit ihm an und verschaffte ihm einen Platz am Algonquin Round Table, jener nach dem New Yorker Hotel benannte Tafelrunde spitzzüngiger und intellektueller Ritter, der unter anderem der Schriftsteller George Benchley, der Theaterautor George S. Kaufman sowie Harold Ross angehörten, der damals über die Gründung einer Zeitschrift nachdachte, die wenige Jahre später als «The New Yorker» Berühmtheit erlangen sollte. Auch die Schriftstellerin Dorothy Parker und die Schauspielerin Ruth Gordon (eine ihrer letzten Rollen war die der alten lebenslustigen Frau in Hal Ashbys Film «Harold and Maude») waren oft in dieser Runde zu finden – allesamt wortgewaltige Männer und Frauen, deren größtes Vergnügen darin bestand, sich gegenseitig mit Bonmots und Pointen zu übertrumpfen. Harpo war der Schweigsamste in dieser scharfzüngigen Runde. *Dennoch behandelten mich alle, als ob ich dazugehörte […], weil ich in der Runde ein anderes rares Talent einbrachte – die Fähigkeit, einfach nur dazusitzen und zuzuhören.*[96] Woollcott war es auch, der den Brüdern riet, nicht ihre wirklichen Namen, sondern ihre Spitznamen im Programmheft und auf den Plakaten zu nennen. Und so traten die Marx Brothers bei *I'll Say She Is* zum letzten Mal auf der Besetzungsliste als Arthur, Leonard, Julius H. und Herbert Marx in Erscheinung.

«I'll Say She Is» lief über ein Jahr und machte uns reich.[97] Nach anderen Quellen betrug die Laufzeit 38 Wochen[98]; Groucho selbst spricht von drei Jahren (inklusive Tourneen)[99]. Die wöchentlichen Einnahmen betrugen 20 000 Dollar. Charlie Chaplin erlaubte den Marx Brothers, mit einem Ausspruch von ihm für die Show zu werben: «Das ist die beste ‹musical comedy›, die ich seit Jahren gesehen habe.»[100] *I'll Say She Is* etablierte den Ruf der Marx Brothers als das irrwitzigste und beste Komiker-Quartett, das bislang am Broadway aufgetreten war.

Das war auch dem Produzenten Florenz Ziegfeld nicht entgangen, dessen alljährliche Revue «Ziegfeld Follies» zu den prunkvollsten und aufwendigsten Shows in den ersten beiden Dekaden des 20. Jahrhunderts gehörte. Er wollte die Marx Brothers für seine nächste Produktion verpflichten. Das wäre zwar ein Rückschritt gewesen, was ihre künstlerische Entwicklung anging – immerhin hätten sie nur eine Szene und kein abendfüllendes Stück gehabt –, aber das war nicht der Grund, warum Chico, mit dem Ziegfeld verhandelt hatte, das Angebot nicht annahm. Neben der Gage bestand Chico auf einer Gewinnbeteiligung an den wöchentlichen Brutto-Einnahmen. Ziegfeld lehnte ab, und damit waren die Verhandlungen beendet. Hatten die Marx Brothers vor wenigen Monaten noch nicht gewusst, woher sie das Geld für die Kulissen und Kostüme ihrer Show nehmen sollten, so konnten sie es sich nun leisten, einem der reichsten, einfalls- und einflussreichsten Broadway-Produzenten einen Korb zu geben.

Sie zogen es vor, mit Sam Harris zusammenzuarbeiten. Er hatte mehrere Stücke von George S. Kaufman produziert, und der schrieb nun für die Marx Brothers *The Cocoanuts.* Die Farce war brandaktuell: Florida war in den zwanziger Jahren zu einem der prosperierendsten Bundesstaaten der USA geworden; die Preise für Bauland stiegen rasant, und Schwindelfirmen verkauften gutgläubigen Interessenten, die Florida nur vom Hörensagen kannten, wertlose Grundstücke an der Küste, die bei Sturm im Wasser versanken. Für die Musik konnte Sam Harris den Komponisten Irving Berlin gewinnen. Fast hätte *The Cocoanuts* auch einen Berlin-Evergreen bekommen. Aber Kaufman hasste Musik, weil er der Meinung war, sie würde nur den Platz und die Zeit für seine brillanten Dialoge stehlen. Deshalb packte Berlin die Noten für seinen langsamen Walzer «Always» wieder ein, als Kaufman sichtlich gleichgültig darauf reagierte. Dafür erwies der Komödienschreiber den Marx Brothers auf andere Weise unschätzbare Dienste, als er für das Stück eine Schauspielerin verpflichtete, die für die nächsten zwanzig Jahre so untrennbar mit ihnen verbunden blieb, dass Groucho sie einmal *den fünften Marx Brother* nannte: Margaret Dumont. Kaufman hatte die Schauspielerin in einer drittklassigen Theaterinszenierung entdeckt. Dort spielte sie so hochtrabend und so schlecht, dass sie als Gegenpol zu den Marx Brothers geradezu ideal war.

Margaret Dumont war von hoheitsvoller, Respekt einflößender Statur. Doch wer sie näher kennen lernte, merkte schnell, dass sie recht naiv war, praktisch keinen Sinn für Humor hatte und auch die Witze in den Stücken der Marx Brothers nie verstand. Hinzu kam, dass sie sehr sensibel war. Diese Eigenschaften moch-

Marguerite (Margaret) Dumont, 1882 in Brooklyn geboren – sie selbst hat ihren Geburtstag um einige Jahre auf 1889 beziehungsweise 1890 verlegt –, Tochter eines irischen Vaters und einer französischen Mutter, begann ihre Bühnenlaufbahn als Sängerin. Nach der Heirat mit dem Erben einer Zuckerfabrik verließ sie das Showbusiness, kehrte jedoch zum Theater zurück, als ihr Mann nach achtjähriger Ehe starb. In der Komödie «The Four Flushers» fiel sie dem Theaterautor George S. Kaufman auf, der sie für die Marx-Brothers-Komödie «The Cocoanuts» engagierte. Sie spielte eine pompöse, aber nicht sehr intelligente Dame der Gesellschaft. Auf diese Rolle blieb sie in den Stücken und Filmen der Marx Brothers festgelegt. Dumont wirkte in knapp drei Dutzend weiteren Filmen ohne die Marx Brothers mit, unter anderem mit W. C. Fields, Jack Benny und Danny Kaye. Sie starb am 6. März 1965 in Hollywood.

ten sie zu vielem prädestinieren – nur nicht zu einer reibungslosen Zusammenarbeit mit den Marx Brothers. Sie erkannten ihre Schwächen innerhalb kürzester Zeit und nutzten sie erbarmungslos aus.

Vor allem Groucho begnügte sich nicht damit, sie auf der Bühne der Lächerlichkeit preiszugeben; er spielte ihr auch, unterstützt von seinen Brüdern, im Privatleben manch rüden Streich. So hatten sich die vier Brüder einmal während der «try outs», den Versuchsvorstellungen von *The Cocoanuts* in der Provinz, nackt in Dumonts Zimmer versteckt. Vorher hatten sie den Hoteldetektiv auf den lasziven und ausschweifenden Lebenswandel der *bekanntesten Hetäre zweier Kontinente*[101] hingewiesen. Dem fielen fast die Augen aus dem Kopf, als er nach und nach vier nackte Männer aus dem Zimmer der Schauspielerin laufen sah. Weinend und gedemütigt packte sie ihren Koffer, fest entschlossen, die Truppe zu verlassen. Nur den Überredungskünsten von Chicos Frau Betty war es zu verdanken, dass sie zurückkehrte – und sich am nächsten Tag mit neuen Überraschungen konfrontiert sah. «[Betty] rät ihr, den Brüdern nur ein einziges Mal zu sagen, sie habe an deren Streichen einen höllischen Spaß, dann würden sie es bleiben lassen. Aber dazu hat Margaret Dumont sich nie durchringen können.»[102]

Als Groucho in späteren Jahren gefragt wurde, welches die wichtigsten Frauen in seinem Leben gewesen seien, antwortete er, ohne lange zu überlegen: *Meine Mutter und Margaret Dumont.*[103] Zwar sprach er stets in höchsten Tönen von ihnen, aber im Grunde war sein Verhältnis zu beiden ausgesprochen zwiespältig, wenn nicht gar ablehnend. Dabei war ihm stets klar gewesen, dass er ihnen viel verdankte: Minnie die Tatsache, dass er im Showbusiness war, und Margaret Dumont, dass er keine bessere Partnerin als Zielscheibe für seine beleidigenden und frauenfeindlichen Bemerkungen hätte finden können. «Es sieht so aus, als habe Groucho seinen Mutterhass an Margaret Dumont ausleben wollen.»[104]

Am 8. Dezember 1925 hatte *The Cocoanuts* am Times Square Premiere. Wegen der großen Nachfrage wurden 140 zusätzliche Sitzplätze im Lyric Theater eingebaut, und für die

Groucho Marx und Margaret Dumont.
Szene aus «At the Circus», 1939

teuersten Eintrittskarten musste die in jenen Jahren exorbitante Summe von elf Dollar gezahlt werden. Die Investition sollte sich für die Zuschauer lohnen. Brooks Atkinson, Theaterkritiker der «New York Times», schrieb über Grouchos improvisatorischen Wortwitz, er sei so flink, dass die Zuschauer stets drei Schritte hinterherhinkten.[105] Der ursprüngliche Text von George S. Kaufman war während der Tournee in des Wortes doppelter Bedeutung auf der Strecke geblieben. Der Autor, der so großen Wert auf seine Dialoge legte und sich mit jedem Schauspieler und Regisseur anlegte, der daran etwas zu ändern wagte, hatte den Kampf gegen Grouchos wortspielerischen Erfindungsreichtum schließlich resigniert aufgegeben. Während der gesamten Laufzeit von *The Cocoanuts* gab es nicht zwei Aufführungen mit dem gleichen Text. Als Kaufman eines Abends eine Vorstellung am Broadway besuchte, meinte er nach dem letzten Vorhang sarkastisch: «Ich kann mich irren, aber ich glaube, einen Satz von mir gehört zu haben.»[106]

The Cocoanuts blieb bis zum 7. August 1926 auf dem Spielplan; die wöchentlichen Bruttoeinnahmen betrugen rund 30000 Dollar. Groucho kaufte für sich und seine Familie – er hatte 1920 die Revuetänzerin Ruth Johnson geheiratet; ein Jahr später war ihr Sohn Arthur geboren worden – ein Haus in Great Neck, einer Gegend in der Nähe von Long Island, die damals in Künstlerkreisen als chic galt. Den Preis von 27000 Dollar bezahlte er in bar.

Für den 24. September 1928 war die Premiere ihres neuen Stücks *Animal Crackers* in Philadelphia vorgesehen. Der Produzent war wieder Sam Harris, diesmal schrieb George S. Kaufman das Buch mit Morrie Ryskind, einem ebenbürtigen Komödienschreiber (gemeinsam bekamen sie 1930 den Pulitzer-Preis für das Buch zum Gershwin-Musical «Of Thee I Sing»). Für die Songs waren Bert Kalmar und Harry Ruby zuständig. Die Proben waren, wie immer, das reine Chaos. Die Schauspielerin Margaret Irving erinnerte sich: «Diese kleinen Teufel wollten nicht proben. Keinem gelang es, sie zur gleichen Zeit zu erwischen. Zeppo hing die meiste Zeit im Büro seines Börsenmaklers herum, und Chico war andauernd auf der Rennbahn.» [107] Kurz bevor der Vorhang hochging, bat Margaret Irving Groucho verzweifelt um eine Probe. Grouchos Antwort: *Du glaubst doch nicht im Ernst, dass ich dir heute Abend Stichworte gebe?* [108]

So chaotisch wie die Proben waren die Vorstellungen, von denen niemals zwei auf die gleiche Weise abliefen. Das stand dem Erfolg des Stückes, das einen Monat später im Forty-Fourth Street Theatre am Broadway Premiere hatte, nicht im Wege. Brooks Atkinson schrieb in der «New York Times», die Zuschauer hätten sich eingefunden in der Erwartung, von den Marx Brothers für eine ausgesprochen öde Theatersaison entschädigt zu werden.[109] Sie wurden nicht enttäuscht.

1926 hatten die Marx Brothers noch einmal einen Versuch gemacht, einen Film für die «First National» zu drehen. Doch das Projekt gedieh nicht über die Vertragsverhandlungen hinaus: Die Marx Brothers waren – abgesehen von Harpo – für den Stummfilm nicht geeignet, ihre Komik basierte weitgehend auf dem Wortwitz. Der Plan wurde zu den Akten gelegt. Zwei

Jahre später hatten sich die Voraussetzungen grundlegend geändert: 1927 war der erste Tonfilm auf den Markt gekommen – und damit war es an der Zeit für die Marx Brothers, ins Filmgeschäft einzusteigen. Während sie noch *Animal Crackers* am Broadway spielten, unterzeichneten sie einen Vertrag mit Adolph Zukors Paramount, um *The Cocoanuts* zu verfilmen. Da sie allabendlich am Broadway auftreten mussten, drehten sie den Film tagsüber in den New Yorker Astoria Studios in Long Island. Chico hatte eine Gage von 100 000 Dollar für sich und seine drei Brüder ausgehandelt.

Zwar verzweifelte der aus Frankreich stammende Regisseur Robert Florey schier an der Aufgabe, die vier Brüder gleichzeitig ins Studio zu bekommen. Trotzdem gelang es ihm, die vorgesehene Drehzeit von einem Monat einzuhalten. Als Regisseur der Marx Brothers musste Florey freilich über den Sinn seines Berufs ins Grübeln geraten sein: «Man konnte bei ihnen ebenso wenig Regie führen wie bei Chaplin oder einem

Szene aus dem Film «The Cocoanuts», 1929

Clown, der seit Jahren mit derselben Nummer auftritt. Sie machten, was sie immer gemacht hatten, und das war's auch schon. Ich habe den Verkehr geregelt, das war meine Hauptaufgabe.»[110] Immerhin improvisierten sie, nach Erinnerungen des Komponisten Harry Ruby, im Filmstudio nicht so ausufernd wie auf der Bühne, weil ihnen die Reaktionen des Publikums fehlten.

Der Film *The Cocoanuts* war – was jedoch nicht an den Marx Brothers lag – eine auf weiten Strecken statisch abgefilmte Bühnenshow; das kleine Rechteck der Leinwand beschnitt die Bewegungsfreiheit der Marx Brothers, und der Dialog, bedingt durch die unterentwickelte Tontechnik, war nicht gut zu verstehen. Hinzu kam das ausgesprochen langsame Tempo der frühen Tonfilme, die unbeweglichen Kameras und Mikrophone erlaubten kaum Tonaufnahmen, während die Schauspieler sich durch einen Raum bewegten. *The Cocoanuts* hat solche Längen etwa, wenn Groucho und Margaret Dumont durch die Hotellobby gehen und mit ihrem Dialog erst beginnen können, nachdem sie sich niedergelassen haben – die Mikrophone hätten ihre Bewegungen als störende Geräusche aufgezeichnet. Wurden Requisiten aus Papier benötigt, mussten sie angefeuchtet werden, damit sie nicht wie prasselndes Kaminfeuer klangen. Das erklärt auch den merkwürdig schlaffen Zustand der Landkarten, die Groucho vor Chico ausbreitet, als er ihm die Topographie von Cocoanut Manor erklärt.[111]

Auch das Timing für die Zeit nach den Pointen fehlte: Auf der Bühne konnten die Schauspieler so lange warten, bis das Lachen im Zuschauerraum abgeebbt war. Beim Drehen hatten weder sie noch der Regisseur die Zeit für das Lachen im Kinosaal einkalkuliert. Witze, die auf der rauschenden Tonspur nicht untergingen, taten dies im Gelächter des Publikums, das auf diese Weise den nächsten Gag verpasste. Was allerdings auch einen positiven Effekt hatte: Manche Zuschauer gingen zwei- oder dreimal ins Kino, um die Teile des Dialogs zu verstehen, die sie beim ersten Mal nicht mitbekommen hatten. So wurde *The Cocoanuts* dann doch noch für Paramount einer der erfolgreichsten, das heißt gewinnträchtigsten Filme der Saison.

Nach Meinung eines der einflussreichsten New Yorker Kritikers war der Wechsel von der Bühne zum Film für die Marx Brothers jedoch eher von Nachteil. Da nur die Filme als Anschauungsmaterial überliefert sind, müssen wir uns auf das Urteil von Brooks Atkinson verlassen, der die Marx Brothers sowohl auf der Bühne als auch auf der Leinwand erlebte: «Nach den ‹Cocoanuts› gingen die Marx Brothers nach Hollywood, wo ihre Arbeitsbedingungen weniger gnadenlos waren als am Broadway. Sie scheffelten Geld und erwarben sich Weltruhm. Aber der ekstatische Übermut ihrer Broadway-Vorstellungen war ihnen abhanden gekommen. Die grenzenlosen Räume der Leinwand und der Realismus der Filmkulissen machten aus ihrer ursprünglichen Originalität und Inspiration etwas Mechanisches. In den Kästen der Broadway-Bühnen war der Übermut der Marx Brothers explosiv. Das Musical lieferte ihnen einen perfekten Rahmen. Es war die richtige Atmosphäre für die Phantasie, und deshalb waren sie am Broadway phantastisch.»[112]

Nach Beendigung der Dreharbeiten und der letzten Vorstellung von *Animal Crackers* im Forty-Fourth Theatre traten die vier noch einmal einen Monat lang als Vaudeville-Künstler auf. Deshalb war es ihnen auch nicht möglich, bei der Uraufführung von *The Cocoanuts* am 3. Mai 1929 im New Yorker «Rialto» anwesend zu sein: An diesem Abend mussten sie im «Riverside» in New York auftreten. Als Groucho den Film einige Tage später bei einer Sonntagsmatinee sah, war er entsetzt: Das Kino war nur halb besetzt, und zwar hauptsächlich mit lärmenden Kindern, die während des Films aufstanden, durch die Reihen tobten, aus dem Kinosaal liefen, um Süßigkeiten zu kaufen, und denen nichts gleichgültiger war als das Geschehen auf der Leinwand. Ein solches Desinteresse hatte Groucho zuletzt Jahrzehnte zuvor in den Anfängen ihrer Bühnenlaufbahn erlebt.

Minnie Marx, der der Triumph vergönnt war, den Erfolg ihrer Söhne nun auch noch in einem anderen Medium mitzuerleben, hatte mit Sam am 22. September eine Probe von *Animal Crackers* besucht, mit dem die Marx Brothers erneut auf

Tournee gehen wollten. Nach der Probe lud Zeppo die ganze Familie zum Abendessen ein. Als die Eltern – längst standesgemäß mit eigenem Wagen und Chauffeur – nach Hause fuhren, erlitt Minnie einen Schlaganfall. Sam wies den Chauffeur an, zurück zu Zeppo zu fahren. Dort starb Minnie um zehn Uhr abends. Sie war 65 Jahre alt geworden. Einige Tage nach der Beerdigung brachen die Marx Brothers nach Boston auf, wo ihre Tournee mit *Animal Crackers* begann.

Ein weiterer gravierender Einschnitt fiel in dieses Jahr – er traf allerdings nicht nur die Marx Brothers, sondern zahllose Amerikaner. Seitdem sie reich geworden waren, hatten die Marx Brothers an der Börse spekuliert. Ihre Gewinne stiegen ins Unermessliche, und sie übergaben nahezu ihre ganze Barschaft den Börsenmaklern in der Annahme, dass sich die Straße der Gewinner auch hinter dem Horizont ins Unendliche erstrecken würde. Groucho etwa hatte 250 000 Dollar in Aktien investiert. Am 29. Oktober 1929 war der Traum von der unermüdlich sprudelnden Geldquelle ausgeträumt: Die Börse brach zusammen, und die Aktien waren nicht mehr das Papier wert, auf das sie gedruckt waren. Groucho hatte innerhalb weniger Stunden seinen gesamten Besitz verloren. Die Erinnerung an die Armut in der Kindheit als Schreckgespenst und die Sorge um die Existenzsicherung seiner Familie führten bei Groucho zu einer pathologischen Schlaflosigkeit, an der er von nun für den Rest seines Lebens litt.

In meinen früheren Jahren auf der Matratze habe ich oft sehr ernsthaft über das Problem der Schlaflosigkeit nachgedacht. Nachdem mir klar geworden war, dass es schon bald keine Schäfchen mehr geben würde, wenn jeder sie zählt, machte ich einmal den Versuch und zählte statt des ganzen Schafes einzelne Teile von ihm. Es funktionierte jedoch nicht. Ich begann mein Experiment damit, dass ich in der ersten Nacht die vier Hammelkoteletts zählte, die ich zum Dinner gegessen hatte. Sie hielten mich die ganze Nacht wach.
Groucho Marx

Doch die Marx Brothers waren, verglichen mit anderen Geschädigten des «Schwarzen Freitags», vergleichsweise glimpflich davongekommen. Was Harpo sagte, galt auch für seine Brüder: *Ich [war] zwar pleite, aber nicht ruiniert. Ich hatte Schulden, aber ich hatte eine anständige, dauer-*

hafte Arbeit. […] Meine Weltwirtschaftskrise dauerte exakt vier Tage des Oktober 1929. Als die Zeiten so hart wurden, dass, wie Groucho sagte, «die Tauben im Central Park anfingen, die Menschen zu füttern», arbeiteten die Stars im Showbusiness weiter. Glücklicherweise war ich einer von ihnen.[113] Freilich musste auch Harpo einen Preis zahlen. Fünf Jahre lang hatte er in der Gruppe, die sein Freund Alexander Woollcott um sich geschart hatte, ein sorgenfreies, übermütiges Leben geführt – mit nächtelangen Pokerpartien und Besuchen in den teuersten Restaurants, mit regelmäßigen Wochenendausflügen auf Woollcotts Privatinsel in einem See in Vermont und Sommerferien in Frankreich. Diese Zeit war nun vorbei: *Das Kriegsrecht war gegen uns verhängt worden [… gegen die] Mitglieder der Tafelrunde und all die anderen viel zu alten Kinder unserer Welt. Wir standen unter Hausarrest. Die Strafe war die Abschaffung der zwanziger Jahre.*[114]

Groucho als Captain Spalding (später: Spaulding) in der Bühnenversion von «Animal Crackers»

Go West

Animal Crackers war nach *The Cocoanuts* der zweite und letzte Film der Marx Brothers, der noch in den New Yorker Astoria Studios entstand – auch er eher eine Etüde in Tonfilm als das Produkt eines Genres, das Eigenständigkeit zwar reklamierte, sie aber noch nicht besaß. Die neuen Dimensionen des Mediums mussten von allen Beteiligten erst erobert werden. Viele Schauspieler waren entsetzt, als sie sich zum ersten Mal von der Leinwand reden hörten. Sicherlich hatte Charlie Chaplin nicht uneigennützig gesprochen, als er behauptete, dem Tonfilm sei kein langes Leben beschieden. Aber viele, die die blechernen Stimmen und verzerrten Geräusche der frühen «Talkies» hörten, teilten erst einmal seine Meinung: «Ich klang, als hätte man mich kastriert», meinte etwa Tallulah Bankhead.[115]

Freilich war der Wunsch des Publikums nach neuen Unterhaltungsmöglichkeiten grenzenlos, und deshalb gab es so gut wie keinen Tonfilm am Ende der zwanziger und zu Beginn der dreißiger Jahre, der wirklich ein totaler Flop gewesen ist: Was im Kino gezeigt wurde, war egal, Hauptsache, es machte Geräusche. Zwei Filme reichten aus, die Marx Brothers landesweit zu Stars zu machen. «Ihre beiden Filme nahmen die Nation im Sturm; sie wurden zum Kult bei Millionen von Fans. Die Leute begannen, Groucho-Sprüche zu zitieren, oder sangen die hypnotisierenden Zeilen von ‹Hooray for Captain Spaulding›»[116], Grouchos Auftrittslied in *Animal Crackers* wurde für den Rest seines Lebens seine Erkennungsmelodie. Captain Jeffrey T. Spaulding – *Das ‹T› steht für Edgar*, erklärt Groucho in einer Szene – wurde darüber hinaus zu seiner bekanntesten Filmfigur, die, knapp vierzig Jahre später, noch einmal in den Mittelpunkt einer Fernsehshow rückte, in der Groucho gemeinsam mit Margaret Dumont auftrat – wenige Tage vor deren Tod.

Groucho hatte von allen Brüdern die größten Bedenken, die Zukunft der Marx Brothers allein dem Film zu überlassen. «Wie komisch konnte eine Szene nach der zehnten Aufnahme noch sein? Derlei ermüdende Wiederholungen mussten zwangsläufig die Spontaneität verwässern, für die die Brüder berühmt waren. Das Team hatte sich vom schnellen Geld verführen lassen, aber es sollte noch oft auf die Bühne zurückkehren, ungeachtet der Tatsache, dass die Gage geringer und das Leben anstrengender war.»[117]

Im Februar 1931 übersiedelten die Brüder mit ihren Familien nach Kalifornien. Sie begannen ihre Filmkarriere in Hollywood zu einer Zeit, als die Branche im Sog der Wirtschaftskrise rote Zahlen schrieb: Lagen Paramounts Nettogewinne 1930 noch bei 18 Millionen Dollar, so waren sie ein Jahr später auf 6 Millionen Dollar geschrumpft. Immerhin waren für einen beträchtlichen Teil dieser Gewinnsumme die Marx Brothers verantwortlich: Ihr erster Hollywoodfilm *Monkey Business* brach

«Monkey Business», 1931: Harpo, Zeppo, Chico und Groucho Marx

in zehn amerikanischen Städten sämtliche Kassenrekorde. Innerhalb einer Woche bot Paramount den Brüdern einen Vertrag für den nächsten Film an. Auch das Theater versuchte sie zurückzulocken. Zwar waren die Einnahmeverluste bei den Bühnen noch dramatischer als in den Kinos; dennoch wollte man den Marx Brothers für ein einwöchiges Gastspiel 15 000 Dollar zahlen. Doch sie lehnten sämtliche Theaterangebote ab – bis auf eines: In einer Benefizshow, deren Erlös arbeitslosen Schauspielern zugute kommen sollte, traten sie neben Al Jolson, Eddie Cantor, Sophie Tucker und zahlreichen anderen Vaudeville-Stars auf. *Shoot the Work!* hieß die Revue, für die unter anderem Dorothy Parker und Nunnally Johnson die Sketche sowie George und Ira Gershwin die Songs schrieben.

Ab 1930 nannten sich die Brüder nicht mehr «The Four Marx Brothers», sondern nur noch «The Marx Brothers». Von da an hielt sich das Gerücht, dass Zeppo sich aus dem Showbusiness zurückziehen wollte. Er war stets der «straight man» der Truppe gewesen, auf dessen Kosten die Witze gemacht wurden und der hin und wieder den Liebhaber spielte – also die blassere Rolle gemessen an den Parts, die seine Brüder verkörperten. «Wenn sein Name im Vorspann erscheint, wird er vom Publikum im Kino inzwischen regelmäßig ausgebuht.»[118] Als ein Regisseur ihn aufforderte, mehr aus seiner Figur zu machen, fragte er sarkastisch zurück: *Wie viele verschiedene Arten gibt es «Ja» zu sagen?*[119] Groucho hielt ihn ohnehin für einen *unwichtigen Charakter und lausigen Schauspieler*[120]; eine Meinung, die nicht nur von Gummo geteilt wurde[121], sondern auch von Zeppo selbst: Sein Talent als Schauspieler charakterisierte er, ganz realistisch sich selbst gegenüber, als nicht allzu ausgeprägt.[122] Während der Aufführungsserie von *Animal Crackers* suchte Groucho den Produzenten Sam Harris in seinem Büro auf, um ihm mitzuteilen: *Sam, ich habe schlechte Neuigkeiten. Zeppo hat sich entschlossen, uns zu verlassen.* Harris, der seine Freude nur mühsam verbergen konnte, entgegnete: «Nun, Groucho, das ist keine so schreckliche Nachricht.» – *Eigentlich schon,* sagte Groucho. *Wir müssen nämlich jetzt mehr Gage bekommen.*[123] – eine Forderung, die nicht einer gewissen Boshaftigkeit ent-

Freizeitvergnügen in Hollywood: die Tennisprofis Ellsworth Vines (l.) und Fred Perry flankieren Groucho Marx und Charlie Chaplin. Regisseur King Vidor machte das Foto 1937 im Beverly Hills Tennis Club.

behrte, wenn man bedenkt, dass Zeppo ohnehin stets deutlich weniger verdient hatte als seine Brüder.

Auch in Hollywood pflegte jeder der Marx Brothers, wie zuvor an der Ostküste, seinen eigenen gesellschaftlichen Zirkel, der kaum Überschneidungen mit dem Freundeskreis der anderen hatte: Harpo verkehrte im Kreis der Millionäre um den Zeitungsverleger William Randolph Hearst, Groucho bevorzugte die «Hollywood-Intelligenzia» – Schriftsteller, Drehbuchautoren, Journalisten –, und Chico fühlte sich nur wohl in Gesellschaft von Glücksspielern und schönen Frauen, mit denen er weiterhin und ohne sich vor seiner Frau Betty zu genieren, seine kurzlebigen Verhältnisse und «one night stands» pflegte.

Im Herbst 1932 bot die Standard Oil Company, New Jersey, Groucho und Chico einen wöchentlichen Auftritt in ihrem «Five Star Theatre» an. So hieß eine NBC-Radioshow, die die Werbeagentur McCann-Erickson für die Ölfirma entwickelt hatte und von montags bis freitags zwischen 19.30 Uhr und

20 Uhr mit Künstlern aus allen Bereichen des Unterhaltungsgewerbes über dreizehn Sender in neun Bundesstaaten ausgestrahlt wurde. Pro Sendung sollten Groucho und Chico 7500 Dollar erhalten – erneut eine Rekordsumme im Entertainment-Bereich. (Greta Garbo verdiente in jenen Jahren bei MGM 6500 Dollar pro Woche.) Der stumme Harpo war für Radiosendungen naturgemäß weniger gut geeignet, und dass Zeppo, der farbloseste der Brüder, kein Angebot erhielt, gab den Gerüchten von seinem baldigen Ausscheiden aus dem Quartett neue Nahrung.

Die erste Folge von Beagle, Shyster & Beagle wurde am Montag, dem 28. November 1932, ausgestrahlt. Groucho spielte einen windigen Rechtsanwalt, Chico war sein Gehilfe. Was weder die Autoren der Sketche, Arthur Sheekman und Nat Perrin, noch deren Akteure wussten: Es gab einen Rechtsanwalt namens Beagle, der NBC wegen Rufschädigung zu verklagen drohte. Und so wurde die Show ab der 4. Folge umbenannt in *Flywheel, Shyster & Flywheel.*[124]

Begeistert waren die Rezensionen nicht. «Variety» urteilte mit moralinsaurem Unterton: «Das ist der richtige Stoff für Kinder! Aber wenn die Marx Brothers mit derartigen Dialogen weitermachen, werden sie sich nicht einmal die Kids als Hörer erhalten können. Vor allem weil deren Eltern es nicht schätzen werden, dass ihre Kinder von untreuen Ehefrauen und Scheidungen hören. Themen, die für Jugendliche ganz gewiss nicht angemessen sind. Die Marx Brothers werden also aufpassen müssen, dass sie die Schar von Jugendlichen, die in ihre Filme rennen, nicht durch ihre Radioauftritte verprellen …»[125] Mit diesen Sätzen verriet der Schreiber vor allem seine Ignoranz gegenüber den Befindlichkeiten der jugendlichen Psyche: Von «schlüpfrigen» Themen – in den dreißiger Jahren mochten Sketche mit solchen Themen durchaus so beurteilt werden – lassen sich Teenager nicht «verprellen»; höchstens die auf Tugend bedachten Erzieher. Und deren Verbot, die Sendung zu hören, dürfte das Interesse der Jugendlichen an den Marx-Brothers-Filmen nur noch vergrößert haben. Auf der Hitliste der Radioshows kam *Flywheel, Shyster & Flywheel* nur auf Platz

13; dennoch wurde der Vertrag mit Groucho und Chico um weitere dreizehn Wochen verlängert.

1933 hatte die Wirtschaftskrise ihren Höhepunkt erreicht. Auch die Filmstudios waren nicht ungeschoren davongekommen; der Konkurs von Hollywood schien nur noch eine Frage von wenigen Monaten. Universal kündigte alle Verträge mit den Mitarbeitern, die Fox stellte die Zahlung von Gehältern ein, und Paramount appellierte an die Solidarität ihrer Angestellten: Alle die mehr als 100 Dollar wöchentlich verdienten, nahmen eine Kürzung ihrer Bezüge um fünf Prozent hin. Nur die Marx Brothers blieben unerbittlich: Sie bestanden auf ihren vertraglich zugesicherten 10000 Dollar pro Woche. Da die Paramount, die bei den Banken rund 70 Millionen Dollar Schulden hatte, überdies von einer anderen Gruppe übernommen worden war und die Marx Brothers auf dem Standpunkt standen, mit dem neuen Arbeitgeber keinen Vertrag abgeschlossen zu haben, gründeten sie eine eigene Firma, «Producing Artists». (Anklänge an die erfolgreiche «United Artists» von Charlie Chaplin, Mary Pickford und Douglas Fairbanks jr. waren durchaus beabsichtigt.)

Sie fragten Gummo, der in New York gerade mit seinem Bekleidungsunternehmen Bankrott gegangen war, ob er Teilhaber an der Produktionsgesellschaft werden wollte, Gummo lehnte jedoch ab und gründete eine Künstleragentur in Hollywood, die nach einigen Anfangsschwierigkeiten zu einem florierenden Unternehmen wurde. Ihm gesellte sich Zeppo zu, kaum dass er mit *Duck Soup* seinen Vertrag gegenüber Paramount erfüllt hatte.

Eigentlich hätten Gummo und Zeppo fortan ihre Brüder als Manager betreuen können. Tatsache ist jedoch, dass die Ex-Schauspieler den harten Kern der Marx Brothers nur bei einem einzigen Film – bei *Room Service* – vertraten: Seine Brüder seien zu anspruchsvoll und zu wenig kooperativ gewesen, sagte Zeppo.[126] Singuläre Bühnenauftritte und kleinere Engagements ließen sich die drei jedoch von ihren Brüdern vermitteln.

Das erste Projekt der «Producing Artists» sollte die Filmversion des Kaufman-Gershwin-Musicals «Of Thee I Sing»

Herbert «Zeppo» Marx blieb der blasseste unter den «Four Marx Brothers»; nach «Duck Soup» (1933) wirkte er in den Filmen seiner Brüder nicht mehr mit.

sein. Paramount, unbeeindruckt von den Alleingängen der Marx Brothers, begann insgeheim mit den Vorbereitungen zu dem fünften Film mit den vier «box office winners» des Studios (die auf dem ersten Platz vor Marlene Dietrich und Maurice Chevalier rangierten). Das Studio hatte – ebenso wie Gummo – den richtigen Riecher bewiesen: «Producing Artists» konnte das Geld für den Musical-Film nicht aufbringen und musste sich auflösen. Und da Chicos und Grouchos Radioshow endgültig auslief, war das Angebot der Paramount – die dann doch die vereinbarte Gage von 10 000 Dollar zahlte – die einzige Verdienstmöglichkeit für die vier.[127]

Bei *Duck Soup* führte Leo McCarey Regie. Groucho sagte später, er sei ihr einziger wirklich erstklassiger Regisseur gewesen – und ein phantastischer Trinker.[128] Aber auch McCarey konnte nicht verhindern, dass *Duck Soup* an den Kinokassen ein Flop wurde – vor allem in kommerzieller Hinsicht und im Vergleich mit den ertragreicheren *Horse Feathers*. «Es sieht so aus, als sei es für die Marx Brothers mit dem Film fürs Erste vorbei», notierte die «Los Angeles Times» im Januar 1934. «In jedem Film müssen sie komischer sein als im vorhergehenden, und das ist keine leichte Aufgabe. [...] Die gleichen Gags funktionieren nicht ewig. Das Quartett ist recht routiniert geworden.»[129] Dass die Kriegssatire eines der besten Marx-Brothers-Werke ist und mit *A Night at the Opera* um den ersten Platz auf der Popularitätsliste ihrer Filme wetteifert, ist inzwischen unbestritten. Doch nach den niederschmetternden Reaktionen von Kritikern und Publikum bei der Uraufführung sah es für die Karriere der Marx Brothers zunächst düster aus. Nur Harpo hatte vorläufig zu tun: Franklin D. Roosevelt hatte der UdSSR die diplomatische Anerkennung zugesichert. Das nahm der einzige Marx-Bruder, der sich ohne Sprache in allen Ländern verständigen konnte, zum Anlass, seine seit längerem geplante Reise in die Sowjetunion in die Tat umzusetzen. Im November und Dezember 1933 spielte er sehr erfolgreich in Moskau, Leningrad und verschiedenen kleineren Städten.

Wieder einmal war es Chico, der die Zukunft des Teams sicherte. Er spielte zu jener Zeit Karten mit Irving Thalberg, dem Produktionschef von MGM, der die Brüder zum seinerzeit renommiertesten Studio holte. *A Night at the Opera*, die erste MGM-Produktion der Marx Brothers, blieb wegen Thalbergs frühem Tod 1936 jedoch der einzige Film, den er vom Treatment bis zur Uraufführung betreute. Er bestand darauf, dass der Film mehr wurde als eine Aneinanderreihung von Gags. Die Szenen mit den Marx Brothers sollten als «comic relief» um eine romantische Liebesgeschichte arrangiert werden, um jenen Teil der Zuschauer zu erreichen, der nach Thalbergs Ansicht in den frühen Filmen nicht berücksichtigt worden war: «Männer mögen eure Komik, aber die Frauen nicht»,

Irving Thalberg war bereits als Zwanzigjähriger Produktionsleiter der Universal Studios. 1923 wechselte er als Vizepräsident zur Mayer-Company, später Metro-Goldwyn-Mayer, wo er den typischen «MGM-Stil» entwickelte – aufwendige Ausstattungen, sorgfältige Kameraarbeit. Er führte das Produzentensystem ein (der Produzent wurde zum kreativen, künstlerischen Mitarbeiter des Regisseurs und kontrollierte die Qualität eines Films in jedem Stadium seiner Entwicklung und Entstehung) und etablierte Drehbuchabteilungen, in denen auch renommierte amerikanische Schriftsteller oft an ein und demselben Projekt arbeiteten, ohne voneinander zu wissen. Thalbergs Stern begann zu sinken, als sein Chef Louis B. Mayer seinen Schwiegersohn David O. Selznick als zweiten Produktionsleiter einstellte und Thalberg damit zum Abteilungsleiter degradierte. Thalberg starb 1936 im Alter von 37 Jahren.

sagte er den Marx Brothers. «Sie haben nicht euren Sinn für Humor. Also bieten wir den Frauen eine Liebesgeschichte, für die sie sich interessieren können.» [130] Außerdem drängte Thalberg darauf, dass die Figuren, die Groucho, Chico und Harpo verkörperten, nicht länger nur Stereotypen von Clowns und Komikern waren, sondern «round characters» wurden, die die Zuschauer nicht gleichgültig ließen und in ihnen auch Sympathie und Mitleid erregten, um den Preis, dass die Dimension des anarchischen Humors schrumpfte. So wird zum Beispiel Harpo in *A Night at the Opera* in der Rolle des Faktotums Tomasso von dem eitlen Tenor Lassparri (Walter King) misshandelt und Groucho von einer Nebenfigur eine Treppe hinuntergeworfen – Aktionen, die in den Paramount-Filmen undenkbar gewesen wären.

Thalbergs intendierte Charaktererweiterung funktionierte jedoch nur bedingt: Zu sehr waren die Marx Brothers durch ihre vorhergehenden Filme auf die unverwundbaren Clowns festgelegt, zu wenig ausgeprägt war dazu ihre Lust, auf der Leinwand jemand anders zu sein als sie selbst. Thalberg half den Marx Brothers jedoch auf eine bis dahin in Hollywood unübliche Weise zum Erfolg: Erstmals wurde ein Filmdrehbuch in «try out»-Vorstellungen in verschiedenen Theatern vor einem Publikum auf seine Wirksamkeit hin getestet – genau wie eine Show, die am Broadway reüssieren wollte. Dialoge, «one liners» und Gags, die bei den Zuschauern keine oder nur matte Reaktionen hervorriefen, wurden gestrichen und durch neues Material ersetzt. Assistenten notierten die Länge des Gelächters, damit der Regisseur später beim Film durch zusätzliche Gegenschnitte auf die Dialogpartner oder sonstige Personen «Lachpausen» einfügen und so vermeiden konnte, dass das Publikum die nächste Pointe verpasste.

Trotz dieser minutiösen Vorbereitungen waren die Reaktionen bei den ersten Vorführungen von *A Night at the Opera* katastrophal. Thalberg war jedoch zuversichtlich, dass die Marx Brothers einen Hit geliefert hatten: Nachdem der Film gekürzt und umgeschnitten worden war, lief er mit überwältigendem Erfolg in den Kinos im ganzen Land. Sein sicherer Instinkt für

Hollywoods einflussreiche Männer: Louis B. Mayer (l.) und Irving Thalberg mit seiner Frau Norma Shearer

das Funktionieren eines Films hatte den Hollywood-Tycoon auch bei seinem chaotischen Trio nicht verlassen.

Nach Thalbergs Tod fühlten sich die Marx Brothers bei MGM «unbehaust». Louis B. Mayer, der die Brüder und insbesondere Groucho hasste, kümmerte sich um den von Thalberg noch geplanten Film *A Day at the Races* nur insofern, als er Regisseur Sam Wood – auch er verabscheute seine Stars genauso wie sie ihn – anwies, die Szenen mit Groucho, Harpo und Chico bis zur völligen Erschöpfung zu wiederholen: Diese Schikane konnte er hinter dem Argument, das Bestmögliche aus den Schauspielern herauszuholen, verstecken. Nachdem *A Day at the Races* abgedreht war, plagten Groucho in Ermangelung neuer Verpflichtungen ernsthafte Existenzsorgen. Doch der Film war, womit nach den unerfreulichen Dreharbeiten keiner der Brüder gerechnet hatte, ein großer Kassenerfolg. Und als Mayer erfuhr, dass die Marx Brothers einen Vertrag mit RKO für die Filmversion von *Room Service* abgeschlossen hatten, versuchte er, sie zu MGM zurückzulocken. Schließlich war er in erster Linie Unternehmer und wollte sich ein gutes Geschäft nicht von persönlichen Ressentiments verderben lassen.

Room Service bildet im Werk der Marx Brothers insofern eine Ausnahme, als der Film nicht eigens für sie geschrieben wurde, sondern auf John Murrays und Allen Boretz' gleichnamiger Komödie basierte, die über ein Jahr lang am Broadway gelaufen war. Freilich hielt RKO es nicht einmal für nötig, den Theatertext zu einem Drehbuch umzuarbeiten; Morrie Ryskind bekam lediglich den Auftrag, das Stück auf die Talente und Möglichkeiten der Marx Brothers zurechtzuschreiben. Der Film beschränkt sich, ganz Genre-untypisch, auf wenige Schauplätze – Hotellobby und einige Hotelzimmer –, und er wirkt deshalb, eingedenk der Möglichkeiten, die sich der Film inzwischen geschaffen hatte, mehr noch als die von der Bühne übernommenen Filme *The Cocoanuts* und *Animal Crackers* wie abgefilmtes Theater. Chico ist, zum ersten und letzten Mal in seiner Karriere, in einer sozial hoch angesiedelten Rolle zu sehen; er spielt den Regisseur des Stücks, dessen Premiere wegen Geldmangels gefährdet ist. Wenigstens hat er einen Satz zu sagen, der der krausen Logik seiner anderen Charaktere entspricht: *Die Proben sind wundervoll. Es ist immer noch ein schauderhaftes Stück, aber die Proben sind einfach wundervoll.* Alles in allem aber ist *Room Service* kein Marx-Brothers-Film, sondern ein Film, in dem die Marx Brothers einen Part übernehmen.

At the Circus, für den das Trio ein Jahr später zu MGM zurückkehrte, machte den Brüdern – und von ihnen vor allem Groucho – unmissverständlich klar, dass ihre große Zeit in Hollywood vorbei war. *At the Circus* war nach *A Day At the Races* der dritte Aufguss einer Geschichte, deren Dramaturgie

«At the Circus», 1939

dem Muster von *A Night at the Opera* folgte: Held und Heldin, amourös verstrickt, müssen sich gegen Widersacher zur Wehr setzen, die sie um ihren Gewinn bringen wollen. Es hätte eines weitsichtigen Mannes wie Thalberg bedurft, um den Marx Brothers den Weg zu weisen, auf dem ihnen das Publikum – vielleicht – gefolgt wäre. Aber in Hollywood gab es niemanden mehr, der sie als Komiker ernst nahm und bei der Entwicklung und Entstehung ihrer Filme ebenso viel Aufmerksamkeit und Sorgfalt walten ließ wie Thalberg.

Groucho litt am meisten unter der mangelnden Qualität der Drehbücher. In Briefen an seinen Freund Arthur Sheekman machte er seinem Ärger Luft: *Die Kerle im Studio haben eine neue Pleite für uns aufgetrieben [«Go West»], und sehr wahrscheinlich werden wir in ungefähr drei oder vier Wochen drehen. Ich freue mich nicht darauf. […] «Go West» ist wieder verschoben worden. Ich weiß nicht, warum das Studio nicht geradeheraus sagt, dass sie Angst haben, den Film zu drehen. […] Es ist wirklich unglaublich, was man al-*

les an Sitzungen, Diskussionen und Streitereien durchmachen muss, ehe so ein Mist fertig ist! [131] *Wie ich dir schon erzählte, hatten wir zwei Probevorführungen des Films – das erste Mal ging es ganz gut; aber dann nahmen sie 900 Fuß heraus, führten ihn wieder vor und es war ein Reinfall. Jetzt straffen sie die Geschichte (das machen sie mit jedem Film nach einer Probevorführung) – sie meinen, das Publikum habe nicht gelacht, weil es die Handlung nicht verstand. Tatsache ist, dass es nicht gelacht hat, weil es die Witze nicht mehr verstand! Aber dies ist mein Abschied, und ungeachtet dessen, was die Zukunft für mich noch auf Lager hält, bin ich glücklich, dieser Art Film zu entkommen, denn den Typ, den ich hier spielen muss, finde ich jetzt ganz widerwärtig.*[132] Einer der wenigen, der Grouchos Meinung über diesen Film nicht teilte, war T. S. Eliot. «Vor nicht allzu langer Zeit haben wir uns eine Wiederaufführung von ‹The Marx Brothers Go West› angesehen, den ich noch nie zuvor gesehen hatte. Es hat sich gewiss gelohnt», schrieb der Dichter an Groucho.[133]

Am 18. Dezember 1940 kündete «Variety» das Ende der Marx Brothers an. Groucho wolle in Theaterkomödien auftreten, so hieß es, Harpo plane mit dem Pianisten Oscar Levant ein «gag pantomusical», und Chico trage sich mit Plänen für eine eigene Band.[134] Aber einen Film mussten sie noch drehen, um den Vertrag mit MGM zu erfüllen: *The Big Store.* Wieder schrieb Groucho an Sheekman: *Nächste Woche fangen wir mit unserem Film an, und er ist hundsmiserabel! Meiner Gemütsverfassung ist es nur förderlich, dass dies einen Schlussstrich unter meine Karriere als Marx Brother zieht.*[135]

Die Zeit der «anti-heroic comedies», der Komödien mit «negativen» Helden, wie sie die Marx Brothers als ständiger Stachel im Fleisch der Gesellschaft exemplarisch verkörperten, war endgültig vorbei.[136] Das Publikum hatte genug von ihrem Humor; in Zeiten wirtschaftlicher Rezession waren nicht scharfer Witz und Sarkasmus, sondern Gefühle gefragt. Die Zuschauer bevorzugten melodramatisch-historisierende Monumentalfilme («Gone With the Wind») mit einer starken, unbeugsamen Frau im Mittelpunkt oder die pseudosozialkritischen Märchen Frank Capras, die das Leben in der Provinz

«The Big Store», 1941, mit Virgina Grey

idealisierten sowie die Integrität und Moralität ihrer Bewohner priesen – «eine ideale Mischung von realistischen Elementen und Träumen […], die Millionen Zuschauer der mittleren Klasse hegten»[137]. Und wenn sie Komödien anschauten, dann sollten es solche mit warmherzigem Humor sein, präsentiert von optimistischen und zukunftsfrohen Leitfiguren. Positives Denken war das Gebot der Stunde, dem Hollywoods Drehbuchautoren, Regisseure und Produzenten zu gehorchen hatten, wollten sie an der Kinokasse erfolgreich sein. Ätzende

Boshaftigkeiten marxistischer Provenienz waren vom «box office hit» zum «box office poison» geworden.

Auch im Privatleben Grouchos und Chicos stand es nicht mehr zum Besten. Beider Ehen waren 1941 geschieden worden. Zwischen Ruth und Groucho hatte es bereits seit zehn Jahren gekriselt; ein Umstand, der sie Alkoholikerin werden ließ. Der Beginn von Ruth' Trunksucht, etwa um 1933, sei «das Ende von Grouchos goldenen Jahren» gewesen, sagte sein Freund, der Schriftsteller Norman Krasna. Von nun an sollte er nie wieder ein wirkliches Zuhause haben.[138] Auch Chico und Betty trennten sich, ein Jahr vor ihrer silbernen Hochzeit. Ein Vierteljahrhundert lang hatte sie die Affären ihres Mannes ertragen; jetzt hatte sie endlich genug davon.

Zu Chicos emotionalem Desaster gesellte sich das altbekannte finanzielle. Während er sein gesamtes Geld verspielt hatte – er hatte sich als Einziger nie über die Qualität der Filme Gedanken gemacht, Hauptsache, die Gage stimmte –, waren Harpo und Groucho klüger mit ihrem Vermögen umgegangen. Groucho, gewitzt durch seine Erfahrungen beim Börsencrash, hatte sein Geld so geschickt angelegt, dass er nie wieder hätte arbeiten müssen – selbst nachdem er, gemäß dem Scheidungsrecht in Kalifornien, seinen Besitz mit seiner Ex-Frau teilen musste. Er konnte sogar so großzügig sein, Chico und seine Frau Betty mit Aktien und Wertpapieren in Höhe von 300 000 Dollar zu unterstützen. Während Betty ihren Anteil so anlegte, dass sie davon gut leben konnte, hatte Chico seine 150 000 Dollar innerhalb von drei Monaten verspielt. Zudem ging das Gerücht, dass er Schulden bei Mitgliedern der Unterwelt habe; diese Summen konnte er unmöglich als Leiter der Band verdienen, mit der er inzwischen durchs Land reiste.

Also beschlossen Groucho und Harpo, an einem weiteren Film mitzuwirken, um ihrem Bruder aus der Bredouille zu helfen. Einen zusätzlichen Anreiz bot die vom Produzenten David L. Loew zugesicherte Tournee, bei der das Drehbuch wieder vor Publikum auf seine Tauglichkeit geprüft, umgeschrieben und ergänzt werden sollte – ganz wie zu Thalbergs Zeiten. Der Film hieß *A Night in Casablanca* und war eine milde Parodie auf

«A Night in Casablanca», 1946

den Film, den Warner Brothers drei Jahre zuvor mit Humphrey Bogart und Ingrid Bergman herausgebracht hatte. Aus der «Spätphase» der Marx Brothers – also seit *The Big Store* – ist *A Night in Casablanca* zweifellos der beste Film; bekannter noch als dieses Werk aber ist der Briefwechsel zwischen Groucho und Warner Brothers geworden. Die Gesellschaft drohte den Marx Brothers eine Plagiatsklage wegen der Verwendung des Namens «Casablanca» an. Daraufhin kündigte Groucho seinerseits an, Warner zu verklagen, falls sie weiterhin den Begriff «Brothers» in ihrem Namen führten, auf den die Marx die älteren Rechte hätten. Die Briefe, die die Rechtsabteilung von Warner völlig ernst nahm, wurden «in jedem größeren Magazin nachgedruckt – außer ‹Popular Mechanics›»[139].

Dagegen enttäuschte der Film sowohl das Publikum als auch die Kritiker. Immerhin schrieb James Agee in «The Nation», gewiss sei es nicht der beste Marx-Brothers-Film, aber das Schlechteste, was sie jemals machen könnten, sei immer noch sehenswerter «als die meisten anderen [Komödien], die mir in den Sinn kommen»[140]. Groucho schob die Schuld für das Misslingen des Films auf den Regisseur Archie L. Mayo, *diesen fetten Idioten*, der die dicht konstruierte Story verwässert habe.[141] Der Film dauerte bei der Uraufführung 113 Minuten und wurde um fast eine halbe Stunde auf 85 Minuten gekürzt, ehe er landesweit in die Kinos kam. Bei den Dreharbeiten hatte Harpo übrigens auf 55 000 Dollar verzichtet. Die hätte er zusätzlich zu seiner Gage erhalten, wenn er sein Schweigen auf der Leinwand gebrochen und in einer Szene «Mord!» geschrien hätte.[142]

Kurz nach Beendigung der Dreharbeiten erlitt Chico während einer Tournee mit seinem Orchester einen Herzanfall und verkündete, dass er sich nun endgültig zur Ruhe setzen wolle. Groucho hatte das Angebot angenommen, ein Radioquiz mit dem Titel *You Bet Your Life* zu moderieren. Er hatte innerhalb kürzester Zeit einen solchen Erfolg damit, dass es vom Fernsehen übernommen wurde und bis 1961 zu sehen war. Harpo begnügte sich mit kleineren Engagements, Gastauftritten in Shows und Wohltätigkeitsveranstaltungen und widmete die meiste Zeit seiner Frau und den vier adoptierten Kindern.

Einem Angebot der Schauspielerin und Produzentin Mary Pickford konnte Harpo jedoch nicht widerstehen. Sie schlug ihm 1947 einen Film vor, der ganz auf seine pantomimischen Fähigkeiten ausgerichtet war. Doch niemand war bereit, einen Film mit nur einem Marx Brother zu finanzieren. Chico zu überreden war nicht schwer, er war wie immer in finanziellen Schwierigkeiten. Groucho erklärte sich schließlich bereit, eine Gastrolle als Erzähler zu übernehmen; sein Part wurde als Rahmenhandlung um den bereits zu großen Teilen abgedrehten Film gelegt, musste allerdings, um die Erfolgschancen zu vergrößern, ausgeweitet werden. Das wiederum erregte Harpos Unmut, dem ein «star vehicle» versprochen worden war. Es kam erstmals zu Irritationen zwischen den beiden Marx-Brüdern, die zeit ihres Lebens das engste Verhältnis zueinander hatten.

Doch trotz Grouchos erweiterter Rolle reichte das Geld zur Fertigstellung des Films nicht aus – für die «post-production» musste Produzent Lester Cowan bei der Chemical Bank of New

York sogar einen Kredit von 75 000 Dollar aufnehmen –, und so schlug die Geburtsstunde jener Finanzierungsmethode, die als «Product-Placement» notorische Bekanntheit erlangt hat. In der letzten Szene des Films, die über den Dächern von New York spielt, blinken Leuchtreklamen der Zigarettenmarke Kool, des Uhrenherstellers Bulova und der Ölfirma Mobil, auf deren Markenzeichen, einem Pferd, Harpo in den Himmel reitet. Diese visuellen Effekte sowie einige Szenen Harpos sind das Beste an *Love Happy*, der bei weitem der schwächste Film ist, an dem das Trio mitgewirkt hat – mit einer abstrusen Handlung, Szenen, die wie hastig zusammengeklebt wirken, verbunden mit Auftritten eines sehr desinteressiert wirkenden Groucho.

Heute wird der Film hauptsächlich im Zusammenhang mit einer Schauspielerin erwähnt, die hier einen ihrer ersten kurzen Auftritte hat. Marilyn Monroe überwältigt Groucho (und den Zuschauer) mit einer Kostprobe jener Charaktereigenschaften, die ihr Markenzeichen wurden – Sinnlichkeit und Sexappeal.

«Love Happy», 1949: Groucho Marx mit Marilyn Monroe

Die letzte Arbeit des größten Komikertrios in Hollywood, so deprimierend ihr Leinwandabgesang auch ist, entbehrt nicht einer gewissen Ironie: Die Filmkarriere der Marx Brothers wird beendet von einem gigantischen Werbespot, in dem ausgerechnet Harpo, dessen Charakter für Werbezwecke kaum instrumentalisierbar ist, Reklame macht für Gebrauchsgüter der Wohlstandsgesellschaft. *Wir haben die Nase voll vom Film*, erzählte Groucho einer Reporterin. *Und die Leute haben allmählich auch die Nase voll von uns. Unsere Gags sind fade – genau wie wir. Wir brauchen uns gegenseitig nicht mehr. Wir können mehr Geld verdienen, wenn wir unsere eigenen Wege gehen.*[143] Eine Meinungsumfrage vom September 1949 schien ihm Recht zu geben: Auf einer Liste der fünfzehn beliebtesten amerikanischen Komiker kamen die Marx Brothers nur noch auf Platz dreizehn. Kurzerhand strich Groucho den Film aus seinem Leben: In seiner Autobiographie sprach er von *A Night in Casablanca* als seinem Schwanengesang[144] und erwähnt, ebenso wie Harpo in seinen Lebenserinnerungen, *Love Happy* mit keinem Wort.

Ein einziges Mal noch erhielten die Marx Brothers ein Angebot für einen Film. Im Dezember 1960 schlug Billy Wilder den Brüdern vor, eine aktualisierte Version von *Duck Soup* mit szenischen Anklängen an *A Night at the Opera* zu drehen; der Film sollte «Ein Tag bei den Vereinten Nationen» heißen. Ideengeber war zum einen Nikita Chruschtschows berühmt-berüchtigte Rede vor der UN-Vollversammlung am 13. Oktober 1960, während der er aus Protest gegen die Argumente eines philippinischen Diplomaten über das Schicksal der osteuropäischen Nationen, die von der UdSSR «verschluckt» worden seien, mit seinem Schuh auf das Rednerpult trommelte – eine geradezu archetypische Reaktion ganz im Geiste der Marx Brothers –, und zum anderen der Umstand, dass das UN-Gebäude in jenen Tagen von einem dichten Polizeikordon umgeben war. Wilder und sein langjähriger Drehbuchautor I. A. L. Diamond entwarfen ein 42 Seiten umfassendes Treatment: Während die gesamte New Yorker Polizei damit beschäftigt ist, das Gebäude am East River zu sichern, sollen die Marx Brothers den Juwelenladen Tiffany's an der Fifth Avenue ausrauben. Die

Polizei stoppt sie bei ihrem Fluchtversuch, hält die drei jedoch für die lettische Delegation und eskortiert sie zum UN-Gebäude. Dort hält Harpo eine gestenreiche «Rede», die von jedem Dolmetscher unterschiedlich übersetzt wird.

Auf diese Idee reagierte sogar Groucho, der vom Film nichts mehr wissen wollte, mit Begeisterung. Schließlich würden sie mit dem besten Komödienregisseur seit Lubitsch zusammenarbeiten, und ohne Frage wäre er – noch vor Leo McCarey – der Beste gewesen, der jemals bei einem Film der Marx Brothers Regie geführt hätte. Aber Chico war zu krank für eine Hauptrolle. Billy Wilder und seine Mitarbeiter taten alles, um seinen Zustand geheim zu halten: Schließlich würde kein Studio grünes Licht für einen auf vier Millionen Dollar budgetierten Film geben, wenn keine Versicherung das Risiko für den schwer kranken Star übernähme. Und so musste das Projekt ad acta gelegt werden – zur großen Enttäuschung des Trios und auch Wilders. Es bleibt freilich die Frage, ob sich die Marx Brothers mit einem weiteren Film, selbst wenn er von einem Komödienspezialisten wie Wilder gedreht worden wäre, einen Gefallen getan hätten. Alle drei hatten die Siebzig überschritten; ihr letzter großer Filmerfolg lag mehr als zwanzig Jahre zurück. Die drei alten Herren hätten sicherlich nur eine gemilderte Version des anarchistischen Humors der frühen Jahre bieten können und ihre Fans zwangsläufig enttäuschen müssen.[145]

Chico starb am 11. Oktober 1961. Ein Kapitel von Hollywoods Filmgeschichte war zu Ende gegangen. Chicos Tod war der «New York Times» sogar einen Leitartikel wert. Dort hieß es unter anderem: «Das komischste Team von Scharlatanen des 20. Jahrhunderts ist auseinander gebrochen, und es wird nie mehr wiederherzustellen sein. Schade um Chico. Schade für uns.»[146] Im Januar 1963 gab auch Harpo seine Abschiedsvorstellung im Pasadena Civic Center. Nach mehreren Herzinfarkten hatten seine Ärzte ihn vor weiteren Engagements gewarnt, und er hatte sich schließlich entschlossen, ihre Ratschläge zu befolgen. Mit den Worten: *Irgendwie gefällt mir das Reden. Ich glaube, ich fange nochmal eine neue Karriere an*, verab-

Das letzte Foto, das alle Brüder zusammen zeigt, entstand 1961 in Grouchos Haus: Harpo, Chico, Gummo, Groucho und Zeppo (v. l.).

schiedete er sich von seinem Publikum, das gleichermaßen begeistert und gerührt war. Harpo starb am 28. September 1964 im Alter von 75 Jahren in Los Angeles. Es sei das einzige Mal gewesen, erinnert sich Arthur Marx, dass er seinen Vater habe weinen sehen.[147]

Groucho blieb unermüdlich auf der Suche nach weiteren Aufgaben – nicht weil er Geld verdienen musste (sein Vermögen betrug in jener Zeit schätzungsweise zwölf Millionen Dollar[148]), sondern weil er ohne Publikum nicht leben konnte. *You Bet Your Life* war nach vierzehn Jahren ausgelaufen; eine Nachfolgeshow, *Tell it to Groucho*, die am 12. Januar 1962 bei CBS Premiere hatte, wurde nach zwanzig Wochen abgesetzt. Groucho tröstete sich mit dem Erfolg, der ihm als Schriftsteller zuteil wurde. Das Schreiben hatte er schon immer höher eingeschätzt als die Film-

Ich las Stephen Leacock, O. Henry und anderes dieser Art und dachte: Das kannst du auch. Ich wollte Schriftsteller werden. Ich nähte mir Lederflicken auf die Ellbogen meines Jacketts, entsagte der Zigarre, griff zur Pfeife und begann meine Sätze mit Wörtern wie «kakophon» und «Konsanguinität» anzureichern.

Groucho Marx

arbeit: *Die Tatsache, dass ich keinen Schulabschluss hatte, machte mir Angst und hielt mich zurück. Fast alle erfolgreichen Schriftsteller, die ich kannte, hatten die Universität besucht. Einige hatten sogar einen Hochschulabschluss, und ich beneidete sie. Was ist schon ein Schauspieler?, dachte ich. Nichts. Nur ein Sprachrohr für die Worte eines anderen. Es ist der Schriftsteller, der den Schauspieler gut oder schlecht macht.*[149] 1959 erschien sein erstes Buch[150] *Groucho and me* (deutsch: *Schule des Lächelns*), eine amüsante Plauderei über sein Leben und seine Arbeit. 1963 folgte unter dem Titel *Memoirs of a Mangy Lover* (*Ein ramponierter Liebhaber*) eine weitere – und von der Kritik nicht sonderlich geschätzte – Kurzgeschichtensammlung, der sich vier Jahre später die *Groucho-Letters* anschlossen, eine Auswahl von Briefen aus den Jahren von 1930 bis 1965, die Groucho an Verwandte, Kollegen und Freunde geschrieben beziehungsweise von ihnen erhalten hatte. Der Literaturkritiker Goodman Ace, der mit Groucho befreundet war, teilte ihm am Telefon unverblümt mit: «Wenn du glaubst, dass die Veröffentlichung eines Buches mit Briefen [letters], die andere Leute dir geschickt haben, dich zu einem Literaten [man of letters] macht, dann hast du dich aber getäuscht.»[151]

Berufliche Erfolge wurden für Groucho immer seltener. 1964 war er in einer Fernsehversion des von Norman Krasna und ihm verfassten Theaterstücks *Time for Elizabeth* aufgetreten – die Geschichte eines Mannes, der sich auf sein Rentnerdasein vorbereitet. Die Daumen der Rezensenten zeigten nach unten. 1968 spielte er in dem Otto-Preminger-Film «Skidoo» eine Rolle als Gott im Hippie-Kostüm. Er sei *entsetzlich* gewesen, meinte er selbstkritisch.[152] Im selben Jahr schlug der Broadway-Produzent Arthur Whitelaw Groucho vor, die frühen Jahre der

Groucho als Hippie-Gott in Otto Premingers Film «Skidoo», 1968

Marx Brothers als Vorlage für ein Musical zu nehmen – eine Idee, für die er sich sofort begeisterte. Grouchos Sohn Arthur schrieb das Libretto; Groucho selbst erhielt einen Vertrag als «Produktionsberater» – Entscheidungen, die Whitelaw schon bald bereuen sollte. Zum einen fand er das Buch, das Arthur Marx schrieb, viel zu altmodisch für ein Musical der siebziger Jahre, zum zweiten nahm Groucho seine Rolle als Berater so ernst, dass er mit immer neuen Vorschlägen und Einwänden den Produzenten und den Regisseur Stanley Prager zur Verzweiflung trieb.

Der Titel *Minnie's Boys* ließ keinen Zweifel darüber, wer im Mittelpunkt der Show stand. Doch Groucho war nicht einverstanden mit der Schauspielerin, die Whitelaw für die Rolle der Mutter vorgesehen hatte; er bestand auf der populäreren, aber weit weniger geeigneten Shelley Winters, die weder Musicalerfahrung hatte noch singen konnte. Immerhin sorgte die Tatsache, dass die Legende der Marx Brothers in einer Broadway-

Show zu neuem Leben erweckt werden sollte, für einen regen Kartenvorverkauf. Die vernichtenden Kritiken nach der New Yorker Premiere am 26. März 1970 ließen das Interesse an dem Stück jedoch schlagartig versiegen; nach knapp achtzig Vorstellungen wurde *Minnie's Boys* abgesetzt, und Arthur Whitelaw musste einen Verlust von mehr als 500000 Dollar verbuchen.

Diese Rückschläge, verbunden mit zunehmenden Krankheiten und familiären Problemen, ließen Grouchos Lebensmut spürbar sinken. Seine dritte Ehefrau, Eden Hartford, hatte sich 1969 von ihm scheiden lassen; seine beiden Töchter Miranda und Melinda – Melinda war 1946 während seiner zweiten Ehe mit Kay Gorcey geboren worden – hatten den Kontakt zu ihm weitgehend abgebrochen, und das Verhältnis zu seinem Sohn Arthur war nach Veröffentlichung von dessen Erinnerungen an seinen Vater, die dieser heftig kritisierte, recht angespannt – auch deshalb, weil Groucho Arthurs zweiter Frau sehr distanziert gegenüberstand. Neuen Auftrieb bekam der Komödiant, der nicht abtreten wollte, durch Erin Fleming, eine erfolglose Schauspielerin, die er 1972 kennen lernte. Sie wurde seine Sekretärin, Managerin und Vertraute.

26. April 1961

Sehr verehrter Groucho Marx,
hiermit will ich Ihnen mitteilen, dass ich Ihr Porträt erhalten habe. Es macht mir große Freude und wird bald gerahmt neben anderen berühmten Freunden wie W. B. Yeats und Paul Valéry an meiner Wand hängen. Ob Sie von mir wirklich auch ein Foto haben wollen oder ob Sie mich nur aus Höflichkeit darum gebeten haben, sei dahingestellt – Sie werden in jedem Falle eines bekommen. […] Dass Sie mein begehrtestes Pin-up sind, werden Sie gehört haben. Ich wäre schon mit einem viel bescheideneren Platz in Ihrer Sammlung zufrieden. […]

Ihr sehr ergebener
T. S. Eliot

Erin Fleming brauchte nicht lange, den immer noch Arbeitswilligen zu einer Reihe von Auftritten zu überreden. *An Evening with Groucho* war die letzte große Kraftanstrengung in seinem Leben überschrieben – ein Abend voller Erinnerungen an seine Karriere, die so alt war wie das Jahrhundert. In New York und San Francisco wurde die «One-Man-Show» für

Groucho, obwohl er körperlich sichtlich geschwächt war, zu einem beispiellosen Triumph. Doch bei seinem Auftritt in Los Angeles, der aus Krankheitsgründen auf das Jahresende 1972 verschoben werden musste (er hatte einen Schlaganfall erlitten[153]), war unübersehbar, dass der Zweiundachtzigjährige von einer derartigen tour de force nun überfordert war. Viele seiner Freunde empfanden diesen Auftritt als ausgesprochen peinlich und warfen Erin Fleming vor, den alten Mann der Lächerlichkeit preisgegeben zu haben. Freilich gestanden auch

Die Marx Brothers, wie Groucho sie sah

Flemings erbittertste Widersacher ihr zu, einen überaus belebenden Einfluss auf ihn auszuüben. So sah es auch Groucho: Sie war für ihn die Frau, die ihm wieder Arbeit verschafft sowie sein Selbstvertrauen gestärkt und sich auch vehement dafür eingesetzt hatte, dass er 1974 einen Ehren-Oscar für sein Lebenswerk bekam, Hollywoods Verlegenheitslösung zur Wiedergutmachung an Künstlern, die zu ihrer aktiven Zeit, aus welchen Gründen auch immer, bei den Preisverleihungen übergangen worden waren. Dafür akzeptierte er klaglos ihre dominante Rolle und nahm in Kauf, dass sie ihn von vielen seiner alten Bekannten entfremdete. Sie hielten – ebenso wie Grouchos Kinder – die fünfzig Jahre jüngere Frau für eine Erbschleicherin, die sich darüber hinaus durch die Freundschaft zu dem populären Künstler einen Aufschwung der eigenen Schauspielerkarriere zu erhoffen schien. Andere wiederum, die Groucho weniger wohlwollend gegenüberstanden, sahen in Erin die gerechte Strafe für einen Mann, der seine drei Ehefrauen und eine seiner Töchter in den Alkohol getrieben hatte.

Der Höhepunkt der unerquicklichen Entwicklungen im Marx'schen Haus war erreicht, als es zwischen Fleming und Grouchos Kindern über dessen Vermögen zu einer gerichtlichen Auseinandersetzung kam, die sich über Jahre hinzog. Die Phasen geistiger Verwirrtheit, die während Grouchos letzter Jahre vermehrt auftraten, machten zudem eine Vormundschaft notwendig. Auch darüber gab es monatelangen Streit zwischen Erin, Arthur und Zeppo Marx, ehe schließlich Andy Marx, einem von Harpos Adoptivsöhnen, die Aufgabe übertragen wurde. Am 24. Januar 1983 meldete die «Frankfurter Rundschau», die Bank of America, Testamentsvollstreckerin von Groucho Marx, habe Erin Fleming aufgefordert, 400 000 Dollar zurückzuzahlen, die sie «ihrem Geliebten» – dass sie seine Geliebte war, hat Groucho stets bestritten[154] – unter Schlägen und Drohungen abgepresst habe, zuzüglich 500 000 Dollar Entschädigung und Zinsen. Das Gericht beschuldigte sie, den vierzig (sic) Jahre älteren Schauspieler geschlagen, wüst beschimpft und mit Morddrohungen dazu gebracht zu haben, sich ihr zu fügen. Ob diese Anschuldigungen den Tatsachen entsprachen, konnte nie geklärt werden.

Groucho Marx hat diesen unwürdigen Streit nicht mehr erleben müssen. Er war am 19. August 1977 im Alter von 86 Jahren in Los Angeles gestorben.

Scherz, Satire, Anarchie und höherer Blödsinn

1966 fand im Rahmen des Wiener Filmfestivals «Viennale» eine Retrospektive mit Filmen der Marx Brothers statt. Sie führte zu einer Entdeckung ihrer Werke im deutschsprachigen Raum, unterstützt durch die erstmalige Fernsehausstrahlung im Frühjahr und Sommer des folgenden Jahres im dritten Programm des Westdeutschen Rundfunks in Köln, der die Filme in untertitelter Originalfassung zeigte. Damit konnte der Fernsehsender zwei Fliegen mit einer Klappe schlagen: Die Untertitelung war preisgünstiger als eine Synchronisation, und ein fremdsprachiger Film kam dem Bildungs- und Unterrichtscharakter, den die dritten Fernsehprogramme zu Beginn ihrer Existenz pflegten, entgegen – ganz abgesehen davon, dass ein Marx-Brothers-Film mit seinem Wortwitz und den Doppeldeutigkeiten sowie den von Chico in Laute umgesetzten Gesten und Pantomimen, mit denen Harpo sich verständlich macht, im Grunde unübersetzbar ist.

Sofort fanden die Filme Resonanz bei einem Publikum, das in den Schauspielern Mitstreiter im Geiste jener Revolution zu sehen glaubte, die ab Anfang der sechziger Jahre an den Univer-

Duck Soup haute mich buchstäblich von dem Sofa, auf dem ich gelegen hatte, in dem Zimmer, in dem der Schwarzweißfernseher stand, direkt neben der Tür, hinter der meine schwer arbeitende Mutter längst schlummerte. Diese spezielle Situation darf nicht unerwähnt bleiben, denn sie wirkte verschärfend auf meine Reaktion, da die Unmöglichkeit, einfach laut loszulachen, zu einem verzweifelten Kampf gegen diesen übermächtigen Drang führte, in dessen Verlauf ich mich möglichst lautlos zunächst beinahe wund wand, in ein Paradekissen krallte und krampfte und in eine Wolldecke biss und biss – bis ich mich eben mit angerissenen Lachmuskeln, blutig gebissenen Lippen, fussligem Mund und dussligem Gesicht auf dem Teppich vor dem Fernsehgerät wieder fand, aus dem dieser Wahnwitz schwallte und schwoll.

Bernd Eilert

sitäten zu brodeln begann und gegen Ende des Jahrzehnts ihren Höhepunkt erlebte: «Die Intelligentesten und Sensibelsten unserer Jugend sind einer neuen Droge zum Opfer gefallen, die sich aus den USA über Frankreich bis zu uns ausgebreitet hat – dem Marxismus. Die dreizehn Filme [der Marx Brothers] sind heute die größten Kassenfüller bei den unabhängigen Spielstellen und kommunalen Kinos.» [155]

Vermutlich ist es Zufall, dass die Initiatoren der «Viennale» 1966 und ein knappes Jahr später die der «Manhattan Gallery of Modern Art» die Filme der Marx Brothers für Retrospektiven entdeckten zu einer Zeit, als große Teile der westlichen Gesellschaft durch eine bislang nie da gewesene Welle der Auflehnung und Verweigerung bis in die Grundfesten erschüttert wurden. Nichtsdestoweniger mochten die Barrikadenstürmer, die sich gerade zum Protest gegen Autoritäten aller Art zusammenfanden, in dem chaotischen Marx-Trio Brüder im Geiste eines spezifisch hollywoodianisch geprägten «Marxismus» vermuten – sozusagen die humorvolle Seite eines mit bitterem Ernst betriebenen Aufstands.

«Je suis Marxiste – tendance Groucho», mit diesen Worten hatte ein anonymer Sprayer während der Pariser Mai-Unruhen 1968 die weit verbreitete Haltung gegenüber den Marx Brothers an Hauswänden und Mauern publik gemacht.[156] Die «phantasiereiche und widerspenstige 68er-Generation, der das ‹Kommunistische Manifest› zu wenig heiter ist, erklärte sie zu Kultfiguren. Seit Ende der sechziger Jahre geht dieses Gespenst des Marxismus feixend in Europa um.» [157] Geradezu aus tiefstem Herzen sprach Groucho den protestierenden Studenten als Professor Wagstaff, der in *Horse Feathers* zum Präsidenten einer Universität gewählt wird und den versammelten Honoratioren als Erstes in einem Song verkündet: *Whatever it is – I'm against it* (*Was immer es ist – ich bin dagegen*).

Die Gesellschaft, der die Marx Brothers in ihren Filmen den Krieg erklärten, wird als ebenso arrogant, machtwillig, borniert und verspießert dargestellt wie es, in den Augen der revoltierenden Jugend, das reale Establishment der ausgehenden sechziger Jahre war. Von der Rolle, in die die Marx Brothers plötzlich hineingedrängt wurden, zeigte sich keiner überraschter als Groucho selbst. In einer Talkshow sagte er, dass die Marx Brothers fast dreißig Jahre nach dem Ende ihrer Filmkarriere so viele Briefe wie nie zuvor bekommen hätten, in denen sie als «Kämpfer gegen das Establishment» bewundert wurden. Dabei hätten sie nicht einmal gewusst, was mit diesem Begriff überhaupt gemeint sei.

Freilich hatten die Marx Brothers mit dem Establishment, der so genannten gutbürgerlichen Gesellschaft, auch nie viel im Sinn gehabt. Doch nichts lag ihnen ferner, als die Gesellschaft zu verändern; es ging ihnen vielmehr darum, sie zu übervorteilen und mit ihren eigenen Waffen zu schlagen, um sich ein Stück oder wenigstens ein paar Krümel vom Wohlstandskuchen zu sichern.

Der «Aufstand» der Marx-Brüder erklärt sich aus ihrer privaten Lebenssituation und war, schon allein wegen der geringen Teilnehmerzahl, keine organisierte, kollektive Bewegung, die die Massen mobilisieren sollte; er entstammte nicht politischem Bewusstsein, sondern materieller Not. Ihre Kindheitserfahrungen waren weniger von strikter Reglementierung als vielmehr von einer eher nachsichtigen elterlichen Autorität geprägt, die diesen Namen gar nicht verdiente. Die Erziehungsversuche und Bestrafungsaktionen des Vaters mussten geradezu als Parodie auf die Pädagogik in jenen Jahren angesehen werden, zu deren bewährtestem Instrument immer noch der Rohrstock oder artverwandte Züchtigungsmittel zählten. Nach den gängigen Vorstellungen damaliger Erzieher konnten schließlich nur solche Jugendlichen zu wertvollen und nützlichen Mitgliedern der Gesellschaft heranreifen, die von Kindheit an mit deren Regeln vertraut gemacht wurden. Dazu gehörte vor allem Respekt vor Eltern, Pädagogen und älteren Menschen, deren Befehlen widerspruchslos und auf der Stelle Folge zu leisten war – selbstverständlich ohne deren Sinnhaftigkeit in Frage zu stellen. Lange bevor im Umfeld der Studentenrevolte diese bis in die sechziger Jahre hoch gehaltenen Prinzipien endgültig vom Sockel gestoßen wurden und die antiautoritäre Erziehung zur allein selig machenden Kindheitserfahrung proklamiert

Prädikat: Pädagogisch besonders wertvoll.
Szene mit Harpo aus dem Film «Monkey Business», 1931

wurde, hatten Chico, Harpo und Groucho die «laissez-faire-Pädagogik» schon voll erleben und ausleben können.

Die Aufsässigkeit der Marx Brothers und die Proteste der 68er-Generation müssen mithin als Konsequenzen von zwei diametral entgegengesetzten Standpunkten betrachtet werden. Für die Studenten war der Aufstand ein Ventil für das Übermaß an Zwängen, die von Eltern, Lehrern und Professoren und einer politischen Kaste ausgeübt und – zumindest in Deutschland – auch als Konsequenz einer nicht bewältigten und deshalb verdrängten Vergangenheit angesehen wurden. (In Amerika war es die «verdrängte Gegenwart» des Vietnamkriegs, der zu – vor allem an Universitäten initiierten – Protestkundgebungen führte. Auch Groucho kritisierte in einer seiner wenigen öffentlichen politischen Stellungnahmen die amerikanischen Kriegshandlungen im Fernen Osten und ließ sich zu der Bemerkung hinreißen, Amerikas einzige Hoffnung bestünde in der Ermordung Richard Nixons. Obwohl sich Groucho für die Bemerkung kurz darauf entschuldigte, legte das FBI eine Akte über ihn an als Bürger, der eine Bedrohung für den Präsidenten der Vereinigten Staaten darstellte.[158]) Die Haltung der Marx Brothers zur Gesellschaft war dagegen determiniert von den Erfahrungen ihrer entbehrungsreichen Jugend: Wer in bitterster Armut lebt, den interessiert die Veränderung gesellschaftlicher Verhältnisse nur insofern, als sie zur Verbesserung der privaten Lebenssituation führt. Auf der Zielgeraden allerdings treffen die Marx Brothers und die politisch motivierten Protestler der sechziger Jahre dann zusammen: So, wie es ist, darf es nicht bleiben. *Whatever it is – I'm against it.*

Das familiäre Zusammenleben war geprägt von Bedürftigkeit, Chaos und Aussichtslosigkeit. Die schlechten schulischen Leistungen der Söhne wurden von den Eltern allem Anschein nach mit Gleichmut, vielleicht auch Gleichgültigkeit, akzeptiert. Die kleinen Diebereien, von denen Harpo spricht, zogen keine Konsequenzen nach sich. Der elterliche Druck – abgesehen von Minnies Beharrlichkeit, mit der sie ihre Söhne zu Komödianten machte – war so milde, dass er es kaum wert war, ernst genommen zu werden. Und wenn schon von den Eltern, den in den ersten Lebensjahren wichtigsten Vorbildern und Einflüssen, keine ernsthaften Konsequenzen bei Regelverstößen zu befürchten waren, warum sollte man dann wildfremden Menschen gegenüber gehorsam sein, gar ein schlechtes Gewissen haben? Derlei moralische Bedenken setzen ein Unrechtsbewusstsein voraus, das bei Chico und Harpo, will man ihren Äußerungen oder Äußerungen über sie glauben, kaum vorhanden war. «Ein spezifisches Merkmal der Sozialpsychologie von W. C. Fields ist sein stets vorhandenes schlechtes Gewissen. Er weiß, dass er unmoralisch handelt, d. h., die Gültigkeit der Moral ist für ihn unterstellt, und jede seiner faulen Touren nährt sein schlechtes Gewissen. Völlig anders ist die Stellung der Marx Brothers zur Moral, sie kennen kein schlechtes Gewissen. Chico, Groucho, Harpo (und Zeppo) Marx vollziehen in verschiedenen Stufen den Übergang zum Amoralischen.»[159]

Die häusliche Anarchie war der Grundstock für die Komik der Figuren, die die Marx Brothers auf der Bühne und im Film

Groucho Marx

verkörperten. Es gibt nur wenige Komiker, bei denen die Künstler und ihre Charaktere so deckungsgleich sind wie bei den Marx Brothers. «Der Schauspieler war der Ausdruck seiner Person», sagte Lee Strasberg über Groucho.[160] Augenzeugen berichten von privaten Zusammenkünften mit ihnen, bei denen sich Szenen abspielten, die genauso gut aus einem ihrer Bühnenstücke oder Filme hätten stammen können.

Als Irving Thalberg zum wiederholten Male eine Konferenz mit den Marx Brothers wegen anderer Verpflichtungen unterbrach, verbarrikadierten sich die drei in seinem Büro, indem sie Schreibtisch und Schränke vor die Tür schoben, sich nackt auszogen und Kartoffeln im offenen Kamin grillten.[161] Bei einer Premierenparty für *Animal Crackers*, die ihre Freunde und Kollegen Harry Ruby und Gus Kahn in einem Hotel in Philadelphia gaben, warfen Groucho und Chico die Speisen vom kalten Büffet auf das Garagendach, das drei Stockwerke unterhalb ihres Hotelzimmers lag. Und schließlich schoben sie, mit Unterstützung von Harpo, das Klavier zum Fenster, um es ebenfalls hinunterzuwerfen.[162] Als Groucho 1920 zum ersten Mal heiratete, brachte er die Zeremonie fast zu einem vorzeitigen Ende, als er auf die Worte des Friedensrichters: «Wir sind hier versammelt, um dieses Paar im heiligen Bund der Ehe zu vereinen», erwiderte: *Für Sie mag er heilig sein, aber wir haben andere Vorstellungen.*[163] Um den von den Marx Brothers ungeliebten MGM-Produktionschef Louis B. Mayer zu ärgern, jagte Harpo eine fast nackte Stripteasetänzerin durch sein Büro, während Mayer eine Unterredung mit Will Hays führte, dem von der Filmindustrie zum obersten Moralwächter gewählten Politiker.[164] Einer der Vorboten dieser «undomestizierten Triebhaftigkeit»[165] war etwa die Zerstörungsorgie, die Chico, Harpo und Groucho als Kinder aus purer Langeweile während einer Hochzeit anrichteten.[166]

Die Ordnung auf den Kopf stellen, Regeln ignorieren, Grenzen des Anstands missachten, Mitmenschen brüskieren, beleidigen und verletzen und stets auf den eigenen Vorteil bedacht sein: Auf diesem Humus gedieh die Komik der Marx Brothers. Damit unterschieden sie sich deutlich von ihren Kollegen, die ihre Glanzzeit in der Stummfilmära erlebten. Ihnen fehlte die Sentimentalität Charlie Chaplins, die Melancholie Buster Keatons und die Naivität Harry Langdons. Sie propagierten weder den unverbrüchlichen Optimismus eines Harold Lloyd, noch kämpften sie einen Windmühlenflügelkampf mit den Tücken der Objekte wie Stan Laurel und Oliver Hardy. Die Marx Brothers waren unbarmherzig, hinterlistig, gemein, böse, ehrlich bis zur Brutalität und destruktiv in einer Weise, die jedes bis dahin denkbare Maß übertraf. Man brauchte kein Mitleid mit ihnen zu haben, denn man musste niemals befürchten, dass ihnen etwas zustoßen konnte. Selbst wenn beispielsweise Harpo in *A Night at the Opera* vom herrischen Tenor Lassparri herumgestoßen und verprügelt wird und das Mitgefühl von Rosa (Kitty Carlisle) hat, so gewinnt er doch nicht das des Zuschauers, denn der weiß, dass es nicht mehr lange dauert, bis der Täter selbst zum Opfer und das Opfer zum Täter wird.

«Underdogs» im Sinne der sozialen Rangordnung waren Chico und Harpo in den Filmen zwar immer (und Groucho war es manchmal), aber statt über ihren gesellschaftlichen Status zu reflektieren, fegten sie mit einer solchen Unverfrorenheit darüber hinweg, dass keiner ihrer Gegner auf die Idee kam, sie in ihre sozialen Schranken zu weisen. Abgesehen davon hätte es auch nichts genützt – zu unerschütterlich war das Selbstbewusstsein der Marx Brothers. Und hatten sie nicht Recht? Chico mit seinem Kauderwelsch, Groucho mit seinem messerscharfen «wit» – ein Begriff, der mit «Witz» nur unzulänglich übersetzt wäre – und Harpo mit seinen irrwitzigen Aktionen ließen ihre Mitspieler früher oder später resignieren.

«Einen Film der Marx Brothers richtig gesehen zu haben, heißt: In Zukunft misstrauisch sein, den Menschen, den Dingen, den Wörtern, vor allem aber den Beziehungen der Menschen zu Dingen und den Wörtern gegenüber», schrieb der Filmkritiker Norbert Jochum anlässlich einer Wiederaufführung von *Horse Feathers.*[167] In der Tat entwickelt der wortspielerische *blühende Unsinn* – so der deutsche Verleihtitel – in diesem Film besonders farbenprächtige Blüten. Grouchos Begrüßungsrede an die Studenten von Huxley College, dem er als Professor Quincy Adams Wagstaff[168] vorstehen wird, schlägt den Grundton an, der den ganzen Film durchzieht:

> *Members of the faculty, faculty members, students of Huxley and Huxley students. I guess that covers everything. Well, I thought my razor was dull until I heard this speech, and that reminds me of a story that's so dirty I'm ashamed to think of it myself. As I look out over your eager faces I can readily understand why this college is flat on its back. The last college I presided over things were slightly different. I was flat on my back. Things kept going from bad to worse, but we all put our shoulders to the wheel, and it wasn't long before I was flat on my back again. Any questions? Any answers? Any rags, any bones, any bottles today? Any rags ...? Let's have some action around here. Who'll*

say seventy-six? Who'll say seventeen seventy six? That's the spirit, seventeen seventy-six.[169]

(Mitglieder der Fakultät, Fakultätsmitglieder, Studenten von Huxley und Huxley-Studenten. Ich denke, das deckt alles ab. Ich habe geglaubt, mein Rasierer sei stumpf, bis ich diese Rede hörte, und das erinnert mich an eine Geschichte, die so schmutzig ist, dass ich mich selbst schäme, wenn ich daran denke. Wenn ich mir so eure eifrigen Gesichter ansehe, dann wird mir klar, warum dieses College auf der Nase liegt. An meinem vorigen College war das ein wenig anders. Da lag ich auf der Nase. Es wurde alles schlimmer und schlimmer, aber wir rückten alle zusammen, um den Karren aus dem Dreck zu ziehen, und es dauerte nicht lange, bis ich wieder auf der Nase lag. Irgendwelche Fragen? Irgendwelche Antworten? Irgendwelche Lumpen, Eisen, Papier? Lumpen …? Jetzt lasst uns mal ein bisschen Bewegung hier reinbringen. Wer sagt 76? Wer sagt 1776? Das ist die richtige Einstellung: 1776.)

Hier werden in einer Kombination aus infantiler und intellektueller Lust am Spiel mit Wörtern, Begriffen und Lauten Worthülsen aufeinander gestapelt und im gleichen Moment wieder umgeworfen. Gedankenlos verwendete Sprachklischees werden in diesen Texten quasi nebenbei in ihrer Unsinnigkeit entlarvt und dem Gelächter preisgegeben; die Erwähnung von geschichtsträchtigen Jahreszahlen wird als hohles Geschwätz decouvriert.

In *Duck Soup* pariert Groucho im Dialog mit Margret Dumont den gestelzten Konversationston der besseren Kreise mit einigen Unverschämtheiten, ehe er erneut eine wilde Assoziationenkette mit Begriffen knüpft, deren Komik in der (annähernden) Homophonie (*half* und *huff*) liegt, und den Satz mit einer Beleidigung seiner Gesprächspartnerin beendet:

Mrs. Teasdale: I welcome you with open arms.
Firefly: Is that so? How late do you stay open?
Mrs. Teasdale: I've sponsored your appointment [als Präsident von Freedonia] because I feel you are the most able statesman in all Freedonia.

Groucho hält eine Rede. Szene aus «The Cocoanuts», 1929

Firefly: Well, that covers a lot of ground. Say, you cover a lot of ground yourself. You better beat it. I hear they're going to tear you down and put up an office building where you're standing. You can leave in a taxi. If you can't get a taxi you can leave in a huff. If that's too soon, you can leave in a minute and a huff. You know you haven't stopped talking since I came here? You must have been vaccinated with a phonograph needle.[170]

(Mrs. Teasdale: Ich heiße Sie mit offenen Armen willkommen.
Firefly: Wirklich? Wie lange sind sie denn geöffnet?
Mrs. Teasdale: Ich habe Ihre Ernennung unterstützt, denn ich halte Sie für den fähigsten Politiker in Freedonia.
Firefly: Das ist eine umfassende Antwort. Sie sind selber übrigens auch ganz schön umfassend. Sie sollten besser verduften. Ich habe nämlich gehört, dass man Sie niederreißen und auf dem Gelände, wo Sie stehen, ein Bürogebäude errichten will. Sie nehmen am besten ein Taxi. Wenn Sie keins kriegen, gehen Sie einfach zu Fuß [dieser Teil ist unübersetzbar: *in a huff* bedeutet «verärgert», erinnert aber auch an *half – in a minute and a huff:* In anderthalb Minuten; schließlich war *Huff* auch der

Name einer kurzlebigen Automarke in den zwanziger Jahren]. *Wenn Ihnen das zu schnell ist, dann schleichen Sie sich gefälligst. Wissen Sie eigentlich, dass Sie nicht aufgehört haben zu reden, seitdem ich hier hereingekommen bin? Sie sind wohl mit 'ner Grammophonnadel geimpft worden.)*

Für Grouchos Gegenüber ist es in der Regel unmöglich, auf dessen Feuerwerk an Nonsense, Boshaftigkeiten und Beleidigungen adäquat zu reagieren. Sie geben, wie in *Duck Soup*, auf *(resign)* – in des Wortes doppelter Bedeutung:

Firefly: And now, members of the Cabinet – we'll take up old business.
Minister of Commerce: I wish to discuss the tariff.
Firefly: Sit down. That's new business. No old business? Very well – then we'll take up new business.
Minister of Commerce: Now, about that tariff …
Firefly: Too late. That's old business already. Sit down.
Minister of War: Gentlemen, as your Secretary of War, I …
Firefly: The Secretary of War is out of order. Which reminds me, so is the plumbing. Make a note of that. Never mind, I'll do it myself.
Minister of Labor: The Department of Labor wishes to report that … the workers of Freedonia are demanding shorter hours.
Firefly: Very well, give them shorter hours. We'll start by cutting their lunch hour to twenty minutes. And now, gentlemen, we've got to start looking for a new Treasurer.
Minister of Labor: But you appointed one last week.
Firefly: That's the one I'm looking for.
Minister of War: Gentlemen, Gentlemen! Enough of this. How about taking up the tax?
Firefly: How about taking up the carpet?
Minister of War: I still insist we must take up the tax.
Firefly: He's right. You've got to take up the tacks before you can take up the carpet.
Minister of War: I give all my time and energy to my duties, and what do I get?
Firefly: You get awfully tiresome after a while.

Minister of War: Sir, you try my patience!
Firefly: I don't mind if I do. You must come over and try mine some time.
Minister of War: That's the last straw! I resign. I wash my hands of the whole business.
Firefly: A good idea. You can wash your neck, too.[171]
(Firefly: Und nun, meine Herren Kabinettsmitglieder, wollen wir uns um ein paar alte Angelegenheiten kümmern.
Handelsminister: Ich möchte über die Zölle diskutieren.
Firefly: Setzen Sie sich. Das gehört zu den neuen Angelegenheiten. Nichts Altes mehr? Nun gut, dann zum Neuen …
Handelsminister: Also, was die Zölle angeht …
Firefly: Zu spät. Jetzt ist es bereits eine alte Angelegenheit.
Kriegsminister: Meine Herren, als Ihr Kriegsminister möchte ich …
Firefly: Der Kriegsminister ist außer Betrieb. Die Wasserleitung übrigens auch. Machen Sie eine Notiz. Vergessen Sie's, ich mach's selber …
Arbeitsminister: Das Arbeitsministerium möchte bekannt geben, dass die Arbeiter von Freedonia kürzere Arbeitszeiten verlangen.
Firefly: Sollen sie haben. Wir kürzen ihre Mittagspause auf zwanzig Minuten. Und jetzt wollen wir uns nach dem neuen Schatzmeister umsehen.
Arbeitsminister: Sie haben doch erst letzte Woche einen ernannt.
Firefly: Nach dem sehe ich mich ja gerade um.
Kriegsminister: Meine Herren, es reicht! Wie wäre es mit einer Abgabenerhöhung?
Firefly: Wie wäre es mit einer Aufgabenstellung? [Dieser Teil ist unübersetzbar; hier wird mit den Begriffen *tax*, Steuer, und *tacks*, Reißnägel, gespielt].
Kriegsminister: Ich bestehe auf einer Abgabenerhöhung.
Firefly: Aber zunächst muss eine Aufgabe gestellt werden, ehe man sie abgeben kann.
Kriegsminister: Meine gesamte Zeit und Energie widme ich meinen Pflichten, und was habe ich davon?
Firefly: Sie haben ein äußerst ermüdendes Wesen.

Kriegsminister: Mein Herr, Sie strapazieren meine Geduld.
Firefly: Gern geschehen. Sie müssen mich mal besuchen kommen und meine strapazieren.
Kriegsminister: Das reicht! Ich gebe auf! In dieser ganzen Angelegenheit wasche ich meine Hände in Unschuld.
Firefly: Gute Idee. Sie sollten auch Ihren Hals waschen.)

Auch in diesem Wortgefecht behält Groucho das letzte Wort und damit die Oberhand. Ein Duell kann schließlich nur fair ausgetragen werden, wenn die Gegner mit den gleichen Waffen ausgerüstet sind. Grouchos verbalen Attacken ist niemand gewachsen, weil keiner seiner Mit- und Gegenspieler damit rechnet, dass er sämtliche Regeln für ein logisch ablaufendes Gespräch derart konsequent und kompromisslos missachtet. Seine Partner können einen Rest von Würde nur bewahren, indem sie unbeirrbar an ihren kommunikativen Konventionen festhalten – wie die stets stoische Margaret Dumont, wenn Grouchos Unverschämtheiten jegliches vorstellbare Maß überschreiten.

Mrs Teasdale: The future of Freedonia rests on you. Promise me you'll follow in the footsteps of my husband.
Firefly: How do you like that? I haven't been on the job five minutes and already she's making advances. Not that I care, but where is your husband?
Mrs Teasdale: Why, he's dead
Firefly: I'll bet he's just using that as an excuse.
Mrs Teasdale: I was with him till the very end.
Firefly: Huh. No wonder he passed away.
Mrs Teasdale: I held him in my arms and kissed him.
Firefly: Oh, I see. Then it was murder. Will you marry me? Did he leave you any money? Answer the second question first.
Mrs Teasdale: He left me his entire fortune.
Firefly: Is that so? Can't you see what I'm trying to tell you? I love you.
Mrs Teasdale: Oh, your Excellency!
Firefly: You're not so bad yourself.[172]
(Mrs. Teasdale: Die Hoffnung von Freedonia liegt auf Ihren

Groucho mit Margaret Dumont und Siegfried Rumann (Sig Ruman) in «A Night at the Opera», 1935

Schultern. Versprechen Sie mir, dass Sie in die Fußstapfen meines Mannes treten.
Firefly: Wie find ich denn das? Ich habe den Posten noch keine fünf Minuten, und schon macht sie Annäherungsversuche. Nicht dass es mich interessieren würde – aber wo treibt sich Ihr Mann eigentlich rum?
Mrs. Teasdale: Nun, er ist verstorben.
Firefly: Das ist doch nur eine seiner faulen Ausreden.
Mrs. Teasdale: Ich war bis zum Schluss an seiner Seite.
Firefly: Kein Wunder, dass er gestorben ist.
Mrs. Teasdale: Ich hielt ihn in meinen Armen und küsste ihn.
Firefly: Dann war es also Mord. Wollen Sie mich heiraten? Hat er Ihnen Geld vererbt? Beantworten Sie die zweite Frage zuerst.
Mrs. Teasdale: Er hat mir sein gesamtes Vermögen vermacht.
Firefly: Wirklich? Spüren Sie nicht, was ich Ihnen sagen will? Ich liebe Sie.
Mrs. Teasdale: Oh, Exzellenz …
Firefly: Na, Sie sind aber auch nicht so übel …)

In Grouchos schlagfertigen Antworten finden sich immer wieder Doppeldeutigkeiten, die die Moralwächter auf den Plan riefen. Zwar waren die Marx Brothers immer ein «sauberes» Team gewesen und hatten die Forderungen des Vaudeville, ihre Sketche frei von Zweideutigkeiten zu halten, stets erfüllt. Die gleichen Regeln galten für den Film: Was nur im Entferntesten moralisch fragwürdig erschien, wurde gestrichen beziehungsweise geschnitten. Aber in fast allen Marx-Brothers-Filmen gibt es Passagen, die zweideutig sind oder als solche interpretiert werden können und von den Sittenwächtern auch beanstandet wurden. Eine Dialogstelle in *A Night at the Opera* wurde in einigen US-Bundesstaaten herausgeschnitten. Als Groucho und Margaret Dumont an Bord des Ozeandampfers gehen, der sie nach New York bringt, fragt sie ihn: *Are you sure you have everything? (Sind Sie sicher, dass Sie alles haben?)* Groucho antwortet: *I've never had any complaints yet. (Bis jetzt hatte ich noch keine Beschwerden)*[173] In *Monkey Business* findet sich sogar eine Passage mit sadomasochistischen Untertönen. Lucille wehrt Groucho ab, als er sie zu küssen versucht: *Oh no, no, don't. My husband might be inside, and if he finds me out here he'll wallop me. (Tun Sie das nicht. Mein Mann könnte im Haus sein, und wenn er mich hier sieht, wird er mich auspeitschen.)* Groucho: *Always thinking of your husband. Couldn't I wallop you just as well? (Warum denken Sie immer nur an Ihren Mann? Kann ich Sie nicht auch auspeitschen?)* Als Eve Arden in *At the Circus* als Hochseilartistin Peerless Pauline nach ihrem Auftritt rittlings auf Grouchos Schultern landet, zischt sie ihm zu: *Get away!* Darauf entgegnet Groucho, während er ihre Beine fest umklammert hält: *Away from the center of your life? (Weg vom Mittelpunkt Ihres Lebens?)* Wenig später spielt er unverblümt auf die Zensur an, als er, nachdem Peerless Pauline eine gestohlene Brieftasche in ihrem Ausschnitt versteckt hat, zur Kamera gewandt sagt: *There must be some way I can get that money back without getting in trouble with the Hays Office. (Es muss doch eine Möglichkeit geben, wie ich an mein Geld komme, ohne mit dem Hays Office in Schwierigkeiten zu geraten.)*

Neben den verbalen tauchen in einigen Filmen auch visuelle Zweideutigkeiten auf. In *Go West* verschenkt Harpo eine übergroße Stoffpuppe an Eve (Diana Wilson), der Enkelin des Mannes, der um sein Land betrogen werden soll. Harpo hält die Puppe an einem Bein hoch, sodass ihr der Rock über den Kopf fällt und man ihr genau zwischen die Beine schauen kann. Dabei setzt er sein durchtrieben faunisches Grinsen auf. In *Love Happy* erlebt Chico eine folgenreiche Begegnung. Bei der Verfolgungsjagd am Ende des Films wird Madame Egichi (Ilona Massey) von einer Leuchtreklame angestrahlt. Gegen den schwarzen Himmel zeichnet sich ihr Körper durch den transparenten Stoff ihres Kleides in deutlichen Konturen ab. Als Chico diese fast überirdische Erscheinung wahrnimmt, richtet sich sein zuvor bei einer Schlägerei arg ramponierter Hut sofort wieder zu voller Größe auf. In Anbetracht der Tatsache, dass der Film zu Beginn der fünfziger Jahre in die Kinos kam, zu einer Zeit also, als die Prüderie sich gerade zu neuen Höhen aufschwang, ist es bemerkenswert, dass diese Szene unbeschadet durch die Zensur kam.

Diese bildlichen Doppeldeutigkeiten auszuspielen überlässt Groucho allerdings seinen Brüdern. Der Mann des Wortes bevorzugt die verbalen Anspielungen und Ambiguitäten. Freilich: Der Einzige, der dem wortgewandten und -verdrehenden Groucho stets Paroli bieten kann, ist ausgerechnet der Englisch radebrechende Chico. Dabei versucht er gar nicht erst, Groucho mit seinen eigenen Waffen zu schlagen; er unterläuft stattdessen seine Verbalattacken, indem er ein Missverstehen kultiviert, das Groucho einmal mit den Worten *There's my argument. Restrict immigration (Ich hab's doch immer gesagt: Senkt die Einwanderungsquote!)* (*Monkey Business*) kommentiert. Wo Groucho messerscharf formuliert, mit Begriffen jongliert, von einem zum anderen springt und sich dabei immer mehr vom ursprünglichen Sinngehalt seiner Aussage entfernt – *I'm in a hurry. […] Ride like fury. If you run out of gas, take Ethyl. If Ethyl runs out, get Mabel. (Ich hab's eilig. Fahren Sie wie der Teufel. Wenn das Benzin alle ist, tanken Sie Benzedrin. Wenn das nicht reicht, nehmen Sie Aspirin.)* (*Duck Soup*) –, reduziert Chico mit geradezu kindlicher Lust die Sprache auf Lautkombinationen und Klangmalereien – *Groucho: That's in every contract. That's what they call a sanity clause. (Das steht in jedem Vertrag. Es ist die Zurechnungsfähigkeitsklausel.) – Chico: Oh no. You can't fool me. There ain't no Santa Claus (Sie können mich nicht veräppeln. Es gibt keinen ‹Santa Claus› [Weihnachtsmann]) (A Night at the Opera).*

Im Mit- und Gegeneinander der beiden entwickelt sich ein Dialogwitz mit einer Mischung aus Infantilität und Intellektualität, die Chicos vermeintliche linguistische Defizite Lügen straft und den radebrechenden Italo-Amerikaner als genialen Wortjongleur der englischen Sprache ausweist.[174] Auf diese Weise steigern sich die auf Chicos Missverständnissen aufbauenden Gespräche zu den absurdesten Dialogen der Filmgeschichte. Das berühmteste Beispiel dafür findet sich in ihrem ersten Film, *The Cocoanuts.* Groucho erklärt Chico die Topographie der Gegend, in der die Grundstücke liegen, die er bei einer Versteigerung an den Mann bringen will. Diese Passage widersetzt sich allen Übersetzungsversuchen; selbst eine Nachdichtung, die ein wenig von dem ursprünglichen Witz ins Deutsche transportiert, dürfte kaum zu schaffen sein. Die Eins-zu-eins-Übersetzung allerdings gewinnt, für sich betrachtet, ebenfalls eine Absurdität von Marx'schen Dimensionen.

Groucho: Now all along here – this is the river front – all along the river – those are all levees.

Chico: Thatsa the Jewish neighborhood.[175]

Groucho: Well, we'll pass over that. […] Now, here is a little peninsula, and here is a viaduct leading over to the mainland.

Chico: Why a duck?

Groucho: I'm all right. How are you? I say, here is a little peninsula, and here's a viaduct leading over to the mainland.

Chico: All right. Why a duck?

Groucho: I'm not playing Ask-Me-Another. I say, that's a viaduct.

Chico: All right. Why a duck? Why a – why a duck? Why a no chicken?

Groucho: I don't know why a no chicken. I'm a stranger here myself. All I know is that it's a viaduct. You try to cross over there a chicken, and you'll find out why a duck. It's deep water, that's viaduct.

Groucho und Chico in «At the Circus», 1939

Chico: That's why-a-duck?
Groucho: Look ... Suppose you were out horseback riding and you came to that stream and wanted to ford over there, you couldn't make it. Too deep.
Chico: But what do you want with a Ford when you gotta horse?
Groucho: Well, I'm sorry the matter ever came up. All I know is that's a viaduct.
Chico: Now look ... all righta ... I catcha on to why-a-horse, why-a-chicken, why-a-this, why-a-that. I no catch on to why-a-duck.
Groucho: I was only fooling. I was only fooling. They're going to build a tunnel in the morning. Now, is that clear to you?
Chico: Yes. Everything. Except why-a-duck [...]
Groucho: Now look. Listen. You go down there, down to that narrow path there, until you come to the – to that little jungle there. You see it? [...] And then there's a little clearing there, a little clearing with a wire fence around it. You see that wire fence there?
Chico: All right. Why-a-fence?
Groucho: Oh no, we're not going to go through all that again.[176]

(Groucho: Hier ist die dem Fluss zugewandte Seite, und hier die Grundstücke sind teuer; reines Gold, Mann!
Chico: Ist das die jüdische Nachbarschaft?
Groucho: Das kann ja Haifa werden! […] Hier ist eine kleine Halbinsel, und von dort führt ein Viadukt hinüber zum Festland.
Chico: Wie – geduckt?
Groucho: Mir geht's gut? Und dir? Wie schon gesagt, hier ist eine kleine Halbinsel, und hier ist der Viadukt, der zum Festland führt.
Chico: Verstehe. Aber wie geduckt?
Groucho: He, wir spielen hier nicht «Ich sehe was, das du nicht siehst». Ich sage, das ist ein Viadukt.
Chico: Ist ja gut. Aber wie geduckt? Warum nicht wie gehupft?
Groucho: Keine Ahnung. Ich bin selbst hier fremd. Ich weiß nur, dass es ein Viadukt ist. Versuch mal, da zu hupfen, und dann weißt du, warum wie geduckt. Es ist tiefes Wasser, deshalb das Viadukt.
Chico: Deshalb wie geduckt?
Groucho: Nehmen wir mal an, du machst einen Ausritt zu diesem Strom und willst über die Furt. Du könntest es nicht. Zu tief.
Chico: Wozu brauchst du einen Ford, wenn du ein Pferd hast?
Groucho: Ich bedaure, dass das Thema überhaupt zur Sprache gekommen ist. Ich weiß nur, dass es ein Viadukt ist.
Chico: O. K., ich hab ja kapiert, warum ein Pferd, warum ein Ford, warum dies, warum das. Ich versteh nur nicht, warum wie geduckt.
Groucho: Ich hab nur einen Witz gemacht. Morgen früh bauen sie einen Tunnel. Hast du es jetzt kapiert?
Chico: Klar. Alles. Nur nicht warum wie geduckt.
Groucho: Hör zu. Du gehst jetzt zu diesem schmalen Pfad hinunter, bis du … siehst du diesen kleinen Dschungel da? […] Da ist eine kleine Lichtung, wo der Wiedehopf sitzt …
Chico: Ja. Warum Wiedehopf? Warum nicht wie geduckt?
Groucho: O nein, nicht nochmal …)

Chico und Harpo. Szene aus «Duck Soup», 1933

Während das Verhältnis zwischen Chico und Groucho zwischen kumpelhaft und gegnerisch schwankt – von gegenseitiger Sympathie getragen ist es nie –, sind Chico und Harpo in den meisten Filmen Partner. Daran ändern auch die grotesken Kämpfe nichts, die sie in den frühen Filmen häufig miteinander führen. Chicos rudimentäre Beherrschung der Sprache, sein Ausprobieren und Verformen von Wörtern macht ihn zum idealen Übersetzer von Harpos kommunikativer Gestik in «Ver-Lautbarungen». Die Mittel reichen von einfachen symbolischen Gesten – Harpo zündet ein Streichholz an, und Chico schließt daraus *You fired? (Bist du gefeuert?)* (*A Day at the Races*) – bis zu komplexen Mitteilungen, die ein notwendiger Bestandteil im dramaturgischen Gefüge der Handlung sind. Diese Art von Dialog, zum ersten Mal in recht einfacher Form in *A Day at the Races* präsentiert, entwickeln Chico und Harpo zu einer von Film zu Film komplexer werdenden Kommunikation. Während sich der anarchische Humor der Marx Brothers in den frühen Filmen von Paramount am intensivsten entfaltet und in den späteren Werken durch die in den Vordergrund gerückte Haupthandlung «verdünnt» erscheint, verlieren die Szenen zwischen Chico und Harpo auch in den letzten Filmen nichts von ihrer Wirkung.

Dass der Inhalt von Harpos Mitteilungen an Chico aufgrund des dramaturgischen Aufbaus der Handlung den Zuschauern bereits bekannt ist, schmälert keineswegs deren Vergnügen, Chico beim Verbalisieren von Harpos pantomimischer Botschaft zuzusehen. Eine der besten «Dialogszenen» findet sich in ihrem vorletzten Film, *A Night in Casablanca* (der angesichts der Produktionsbedingungen von *Love Happy*, in dem das Trio nicht mehr zusammen vor der Kamera stand, als der letzte wirkliche Marx-Brothers-Film angesehen werden muss). Harpo erfährt, dass der Nazi Heinrich Strubel, der eine verräterische Narbe auf dem Kopf hat und deshalb nie ohne Toupet das Hotelzimmer verlässt, mit Hilfe seiner Freundin Beatrice Rheiner Hoteldirektor Kornblow (Groucho) aus dem Weg räumen will. Diesen Plan muss Harpo seinem Partner Chico erläutern, um Kornblow vor seinen Mördern zu retten.

> *Chico: You lookin' for somebody? (Suchst du jemanden?)* Harpo hält seinen Zeigefinger wie einen Schnurrbart unter die Nase – *Buffalo Bill?* – Harpo tritt ihm kräftig auf die Füße – *Autsch, my corn. (Au, mein Hühnerauge)* – Harpo pustet ihn an – *Kornblow! You got something for Kornblow? (Kornblow! Du hast eine Nachricht für Kornblow?)* – Harpo trinkt aus einer Suppentasse – *A soup? (Eine Suppe)* – Harpo imitiert einen Chinesen – *Eat a chop suey? (Du isst Chop Suey?)* – Harpo «isst» Reis – *A soup? Eat rice? Soup – rice – soup – ice? Surprise? (Eine Suppe – Reis – eine Überraschung?)* – Harpo pfeift zustimmend – *You gotta surprise for Kornblow? What's a surprise you got? (Du hast eine Überraschung für Kornblow? Was für eine Überraschung?)* – Harpo imitiert einen vorbeifliegenden Vogel und stößt mit dem Unterkörper nach vorne – *Somebody's going to bum Kornblow? (Jemand will bei Kornblow abkassieren?)* – Harpo zieht sein Hemd von der Brust wie jemand, der exekutiert werden soll – *Somebody's going to bump Kornblow. (Jemand will Kornblow abknallen).* –

Harpo holt eine Zigarre aus der Tasche – *A guy with a cigar. (Ein Kerl mit einer Zigarre)* – Harpo hält die Zigarre an seine Backe – *A guy with a scar? The count with a scar … Where's he gonna do this? (Ein Kerl mit einer Narbe. Der Graf mit der Narbe. Wo wird er das tun?)* – Harpo zeigt nach oben – *On the roof? Up the stairs? (Auf dem Dach? Auf der Treppe?)* – Harpo klopft an eine Tür – *You knock on a door. You open it. You steppin' inside. You close-a the door. You're in the room. Whose room? (Du klopfst an eine Tür. Du öffnest sie. Du gehst hinein. Du schließt die Tür. Du bist im Zimmer. Wessen Zimmer?)* – Harpo zeichnet Kurven in die Luft – *Room of a snake? (Im Zimmer einer Schlange?)* – Harpo zieht sein Hosenbein hoch – *A garter snake (Eine Strumpfbandnatter)* – Harpo macht mehr Bewegungen – *A big snake? A big, big snake? (Eine große, große Schlange?)* – Heftigere Bewegungen von Harpo. Chico wird ärgerlich – *That's-a no snake. (Das ist keine Schlange)* – Harpo «schminkt» sein Gesicht – *A lady? A lady's room? Was you in the room? (Eine Dame? Zimmer einer Dame? Warst du in dem Zimmer?)* – Harpo schnappt knurrend nach ihm – *A dog in the room? What kind of dog in the room? (Ein Hund im Zimmer? Was für ein Hund?)* – Harpo schaut durch zwei Finger – *A peek?* – Harpo deutet mehrfach auf sein Knie – *A knees? A peek. A knees. A Pekingese dog. What's-a the lady's name? (Ein Blick? Knie? Ein Pekinese. Wie heißt die Dame?)* – Harpo zeigt auf seine Rose im Knopfloch – *A rose?* – Harpo macht ein summendes Geräusch wie eine Biene, deutet auf die Rose und schlägt sich auf die Backe – *A slap-happy? (Eine Schlampe?)* – Harpos Gesten werden hektischer, Chico versteht nichts mehr und wird wieder ärgerlich. Harpo versucht es auf eine andere Weise – *An aeroplane? A bomber? A B-29? (Ein Flugzeug? Ein Bomber? Eine B-29?)* – Jedes Mal, wenn er «B …» gesagt hat, hält Harpo ihm den Mund zu – *B … B …* – Harpo macht wringende Bewegungen – *B … B … twist … B … twist … Beatrice …*

Die Botschaft ist entschlüsselt, jetzt muss Kornblow gewarnt werden. Die beiden treffen ihn in der Hotelhalle. Um die Nachricht aus erster Quelle zu überbringen und ihr damit mehr Glaubwürdigkeit zu verleihen, lässt Chico sie von Harpo selbst mitteilen. Der spielt seine Botschaft in rasantem Tempo, quasi im Zeitraffer vor – mit dem Erfolg, dass Groucho sagt: *O. K., ich nehme eins davon.* Dann lässt er die beiden stehen, und Chico sagt zu Harpo: *Er versteht eben kein Englisch.*

Chico und Harpo sind Vertreter von komödiantischen Filmstilen, deren Vermischung in ihrer ausgeprägtesten Form ausschließlich in den Filmen der Marx Brothers stattfindet: der wortreiche, in seiner Rasanz fast Screwball-artige Dialog des kauderwelschenden und kalauernden Chico einerseits und die stumme Slapstickkomödie andererseits, deren wesentliches Element der physische Humor ist und dessen Ver-Sinnlichung Harpo meisterhaft beherrscht. Bedingt durch sein Aktionsumfeld wächst Harpo aber über die Rolle des wortlosen Clowns hinaus, er wird zum Bindeglied zwischen zwei Epochen der Filmgeschichte: dem Stumm- und dem Tonfilm.[177] Auf diese Weise hat er die Anfänge, also einen wesentlichen, ästhetisch bedeutsamen Teil der Historie dieses Mediums in die tönende Neue Welt der «Talkies» hinübergerettet.

Verwüstung, Zerstörung, Trümmer – diese Begriffe tauchen immer wieder im Zusammenhang mit Analysen der Marx-Filme und ihrer Charaktere auf. «Wütend zerfetzten sie nicht nur die gesellschaftliche Routine, das gesteuerte Den-

Nur Harpo überlebte die Stummfilmzeit. Wie die Götter der Antike, die, nach ihrem Sturz als Puppen, Schreckgespenster und andere niedere Dämonen durch Jahrhunderte fortlebten, in denen man nicht mehr an sie glaubte, so ist Harpo ein Relikt der Vergangenheit, ein exilierter Komödiengott, dazu verurteilt – oder auch auserkoren –, die Rolle eines mutwilligen Poltergeistes zu spielen. Aber die Welt, in der er auftritt, ist so mit Worten gefüllt, daß er schon lange verschwunden wäre, wenn es nicht Groucho gäbe, der die zerstörerischen Anschläge des Kobolds unterstützte. Die Wortkaskaden Grouchos, die so schwindelerregend sind wie irgendein stummer Zusammenstoß, verwüsten die Sprache, und unter den verbleibenden Trümmern kann Harpo weiter gedeihen.

Siegfried Kracauer

«A Day at the Races», 1937

ken, die Sprache, sondern sogar den Sinn der Dinge und schufen sie dadurch neu. [...] Zerstörung und Poesie: Was für ein schönes Programm», schrieb Simone de Beauvoir über die Marx Brothers.[178]

Die Zerstörung beschränkt sich nicht auf die Dekonstruktion von Sprache und gesellschaftlichen Konventionen, sondern vollzieht sich auch auf einer dinglichen Ebene. Wenn alle Tricks und Intrigen, alle Finten und Rankünen nicht weiterhelfen, ist die Destruktion das letzte Mittel, um ein Ziel zu erreichen: Eine Operninszenierung muss demoliert und der unliebsame Tenor gefesselt, geknebelt und am Schnürboden aufgehängt werden, ehe der «edle» Sänger endlich die Hauptrolle übernehmen und den Jubel des Publikums genießen kann (*A Night at the Opera*). Ein Eisenbahnzug wird in voller Fahrt auseinander genommen – erst die Inneneinrichtung, schließlich die Außenwände –, um das Holz verfeuern und die Lokomotive vorantreiben zu können. Das Gebilde, das am Ziel ankommt, erinnert nur noch von ferne an einen Eisenbahnzug, aber das Ziel ist erreicht: Die Marx Brothers haben – wieder einmal – ihre Gegner um Längen geschlagen (*Go West*). Dem «richtigen» Pferd kann nur zum Sieg verholfen werden, indem der ganze Parcours in ein heilloses Durcheinander gebracht wird und sämtliche Regeln eines Wettrennens auf den Kopf gestellt werden (*A Day at the Races*). Dabei ist die Zerstörungswut innerhalb der Filmhandlung moralisch durchaus gerechtfertigt: Die vollkommene Vernichtung ist notwendig, denn nur dadurch kann der Gegner in Schach gehalten und dem Guten zum Sieg verholfen werden.

Der Kunsthistoriker Erwin Panofsky verglich den Zerstörungswahn der Marx Brothers mit den katastrophalen Ausmaßen eines Atomschlags. Ausgehend von den letzten Szenen des Films *A Night in Casablanca*, der im Mai 1946, neun Monate nach dem Atombombenabwurf auf Hiroshima, uraufgeführt wurde, schrieb er: «Ich kann nicht umhin, die Schlusssequenz des neuen Films der Marx Brothers – in welcher Harpo in unerklärlicher Weise auf den Pilotensitz eines großen Flugzeugs vordringt, unabsehbare Verwüstung stiftet, indem er eins ums andere Mal ein winziges bisschen auf die Kontrollhebel drückt und vor Vergnügen immer verrückter wird, je größer das Missverhältnis ist zwischen der Winzigkeit seiner minimalen Anstrengung und dem Ausmaß des Unglücks – als ein großartiges und schreckliches Symbol des menschlichen Verhaltens im Atomzeitalter zu verstehen. Gewiss würden die Marx Brothers diese Interpretation heftig zurückweisen; aber das hätte auch Dürer getan, wenn jemand ihm gesagt hätte, dass seine ‹Apokalypse› den gewaltigen Umsturz der Reformation habe vorausahnen lassen.»[179]

Zerstörung und Poesie – diese Gegensätze werden am eindrucksvollsten von Harpo verkörpert, dem undomestizierten Faun, dem bösartigen Troll mit dem engelsgleichen Lächeln – ein Teufel mit der Harfe. Allein in dieser Kombination liegt ein komischer Widerspruch: Würde Harpo Schlagzeug oder ein «aggressives» Blasinstrument spielen, wäre der Kontrast zwischen seinen Taten und seinen musikalischen Intermezzi nur halb so reizvoll. Man betrachte einmal sein Gesicht, wenn er an der Harfe sitzt: Sein Ausdruck ist sanft und glücklich wie der eines Kindes, das ganz in sein Spiel vertieft ist. Nichts erinnert in diesen Momenten an den Irrwisch, der vor wenigen Minuten noch Blondinen gejagt, Kleider und Hosen zerschnitten und ganze Inneneinrichtungen demoliert hat – oder dies in Kürze wieder tun wird.[180]

Harpo in all seiner Widersprüchlichkeit war der Lieblings-Marx-Brother der Surrealisten, jener Künstler, die in ihren Werken ebenfalls das traditionelle Werte- und Normensystem zerstörten und auf dessen Trümmern zu neuen, ungewohnten und provozierenden Weltsichten gelangten.[181] «Durch die Komik der Marx Brothers, ihre Handlungsweisen [...] vollzog sich ein Prozess der Befreiung von Denknormen und von der Logik; eine Befreiung sowohl der Kunstschaffenden selbst als auch des Konsumenten des Kunsthandwerks. Willkürliche Assoziationen, frei schweifende Phantasie zerbrechen alle logischen Zusammenhänge von Ursachen und Wirkungen – die Kunst der Marx Brothers steht, wenn auch nicht in der theoretischen Grundlegung, so doch in der Schaffensmethode nahe am Surrealismus, und es war denn auch der französische Surrealist Antonin Artaud, der als einer der Ersten außerhalb Amerikas auf diese Ähnlichkeit hingewiesen hat.»[182] So ist es nur folgerichtig, dass in einer Londoner Zeitung die Künstler der Internationalen Surrealisten-Ausstellung im Jahre 1936 als «the Marx Brothers of Art» bezeichnet wurden.[183]

Auch Salvador Dalí war ein Bewunderer der Marx Brothers. Harpo bezeichnete er als die «letzte surrealistische Figur in der Unterhaltungsbranche»[184]. Mitte der dreißiger Jahre schuf der Maler Zeichnungen von Groucho und Harpo für einen Film, den Dalí selbst schreiben und inszenieren wollte: «The Marx Brothers on Horseback Salad» (etwa «Die Marx Brothers auf reitendem Salat»). Groucho war dargestellt als vielarmiger «Shiva der Geschäftswelt», der in jeder seiner zahlreichen Hände einen Telefonhörer hält (damit hatte Dalí auch eine hintergründig ironische Apotheose und mythische Überhöhung des intriganten und betrügerischen Geschäftsmannes geschaffen, der zu Grouchos bevorzugten Figuren gehörte); Harpo, mit einem Hummer und einem Apfel auf dem Kopf, sitzt an einer

Salvador Dalí.
New York, 1939

mit einer Zunge dekorierten Harfe. Das Skript freilich erwies sich als ebenso unspielbar wie das mit Saiten aus Stacheldraht bespannte und mit Löffeln und Gabeln zu stimmende Instrument, das Dalí für Harpo konstruiert hatte.[185] Vielleicht hatte dieser «unglaubliche Mischmasch verrückter Ideen»[186] – von dem Filmprojekt sind bis auf Dalís Zeichnungen, die sich im Besitz der Smithsonian Institution in Washington befinden, keine Dokumente erhalten – zu wenig Bezüge zu einer realen Welt gehabt. Aber eben die brauchten die Marx Brothers als Folie, um ihre Pointen und Gags zu setzen: Wo alles ‹ver-rückt› ist, ist nichts mehr verrückt; wo es keine Reibungsfläche gibt, können sich keine komischen Funken entzünden.

«Tatsache ist, dass die Surrealisten nicht nur an dem anarchischen Grundzug in den Filmen der Marx Brothers Gefallen fanden. Hinzu kamen die aberwitzig poetischen Sprachspiele und die bildlichen Surrealismen, in denen sich Wahrnehmungs- und Vorstellungsbilder, Reales und Imaginäres, umstandslos durchmischen: etwa wenn [in *Duck Soup*] auf einer Tätowierung Harpos ein Hund real aus der Zeichnung bellend heraustritt oder wenn im Krieg auf den Hilferuf nach Truppenverstärkung mit einem unverzüglichen Umschnitt auf anrückende Feuerwehr, Polizei, Marathonläufer, Ruderer, Schwimmer, Affen, Elefanten und Delphine reagiert wird.»[187]

Momente surrealistischer Komik sind auch in den anderen Filmen überwiegend Harpo anvertraut. In *The Cocoanuts* verspeist er als dubioser Hotelgast einen Füllfederhalter in Gestalt einer Kartoffel sowie Blumen, die in einer Vase stehen, und spült die Delikatessen mit einem Schluck aus dem Tintenfass hinunter; schließlich isst er auch das Telefon auf. Den Gag greift er siebzehn Jahre später in *A Night in Casablanca* wieder auf, wo er die Flamme einer Kerze auf seinen Finger platziert, ein Stück Wachs verspeist, die Flamme sorgfältig zurücksetzt und an einer Kaffeetasse knabbert, nachdem er den Kaffee getrunken hat.

In *Monkey Business* spielen die Marx Brothers blinde Passagiere auf einem Schiff – diese Situation wird vier Jahre später in

Harpo Marx [ist] die faszinierendste und surrealistischste Persönlichkeit Hollywoods. Ich habe Harpo beim ersten Mal in seinem Garten getroffen. Er war nackt, trug eine Krone aus Rosen und stand mitten in einem echten Wald aus Harfen. [...] Wie eine neue Leda streichelte er einen blendend weißen Schwan und gab ihm eine aus Käse geformte Venus von Milo zu essen, die er durch die Saiten der nächststehenden Harfe rieb. [...] In den Pupillen Harpos leuchtete der Spektralschimmer, den man auch in den Augen Picassos entdeckt. Harpo vergöttert Rechtsanwälte, die ihm zusammen mit einer Soße serviert werden, die genau die gleiche Farbe hat wie seine Perücke. [...] Er bewundert die ‹weichen Uhren›. Er vergöttert die winzig kleinen, haarigen und ergreifenden Posaunen, die wie Maikäfer über die Blumen fliegen. [...] Es muss einmal gesagt werden: «HARPO IST EIN GEIST.»

Salvador Dalí, in: «Harpers Bazaar», Juni 1937

A Night at the Opera variiert –, die nach ihrer Entdeckung von der Mannschaft über die Decks gejagt werden. Als die Matrosen an einer Reihe von Liegestühlen vorbeigelaufen sind, erhebt sich aus einem der Stühle eine Frau und gibt den Blick frei auf einen grinsenden Harpo. Schreiend läuft sie davon, während Harpo seinerseits aufsteht und einen ziemlich zerknittert wirkenden Mann, auf dem er selbst gelegen hat, als untersten Teil des menschlichen Sandwichs zurücklässt. In einer späteren Szene verjagt Harpo eine Harfenistin von ihrem Instrument und nimmt ihren Platz ein, um eine voluminöse Sängerin zu begleiten. Dabei bleibt seine Hand zwischen den Saiten stecken. Aber es ist nur eine künstliche Hand; er zieht sie aus den Saiten heraus, kratzt sich damit am Kinn und wirft sie fort. Dann rollt er seinen Ärmel auf und spielt weiter mit seiner richtigen Hand.

In *Duck Soup* gibt es einen geisterhaft-surrealistischen Moment für Groucho, wenn Chico und Harpo ihm vorgaukeln, sie seien sein Spiegelbild (dies ist übrigens einer der ältesten Vaudeville-Gags). Ein Spiegel zerbricht, und dahinter wird ein weiterer Raum – Harpos Aktionsfläche – sichtbar. Harpo und Groucho tragen – ebenso wie Chico, der später dazukommt – weiße Nachthemden und -mützen und bewegen sich eine Zeit lang spiegelverkehrt-synchron, bis Groucho beginnt, den Gag aufzubrechen und Harpo die Mütze, die ihm hingefallen ist, durch den Spiegelrahmen reicht. Eine Variante des Spiegeltricks findet sich in *Love Happy*, wo Harpo sich, einen Spiegel in der Hand, die Haare kämmt. Dann dreht er den Spiegel um – und sieht seinen Hinterkopf.

Ein anderes Merkmal des Surrealismus ist das Lebendigwerden und Verselbstständigen von Gegenständen, wie es etwa Antonin Artaud als ein Element des surrealistischen Theaters postuliert hat.[188] Wieder ist es Harpo, in dessen Gegenwart leblose Dinge ein Eigenleben zu führen beginnen. Während er in *Go West* im Schreibtisch eines Saloonbesitzers nach einer Urkunde über Landbesitz sucht, um sie dem rechtmäßigen Besitzer zurückgeben zu können, erwachen die Schubladen des Möbelstücks zu eigenwilligem Leben: Schiebt Harpo eine Lade

Szene aus «The Big Store», 1941

zu, geht eine andere wie von Geisterhand gezogen auf. Dieses Spiel wiederholt er mehrmals, ehe er schließlich selbst in den Schreibtisch springt, um sich, ungeachtet der Unberechenbarkeit des Möbelstücks, in ihm zu verstecken.

In *The Big Store* sind es Küchen- und Bürogeräte, die im Büro des Detektivs Wolf J. Flywheel (Groucho) ein kurioses Ballett aufführen, und wieder ist es Harpo, der die Gegenstände zu bändigen versucht: den Toaster, der mit Brot «schießt», und die Schreibmaschine, deren Walze aus der Verankerung fliegt und, wie an unsichtbaren Fäden aufgehängt, in der Luft schwebt, ehe Harpo sie wieder «einfängt» und in die Halterung zurückschiebt. Im weiteren Verlauf des Films verliert Harpo, diesmal gemeinsam mit Groucho, in der Bettenabteilung des Kaufhauses die Kontrolle über die Schlafmöbel: Zunächst manipulieren sie selbst das Auf- und Abfahren der Möbelstücke, dann jedoch verlieren sie die Gewalt über die Betten, die schließlich, wie von einer unsichtbaren Macht gesteuert, im Boden versinken, hinter Bücherwänden und Safetüren verschwinden und die Kinder einer italienischen Großfamilie «verschlingen». Aus der Perspektive der Eltern – einer in Tränen aufgelösten «mamma» und eines hektisch gestikulierenden «papà» – zeigen sich hier die verheerenden und zerstörerischen Auswirkungen der modernen Technik, eine der Urängste der Menschen des 20. Jahrhunderts. Die Marx Brothers haben jedoch wie immer nichts zu verlieren und können deshalb, auch in der beruhigenden Gewissheit, für ihre Taten nicht zur Rechenschaft gezogen zu werden, in diesem Durcheinander kühlen Kopf und Gleichgültigkeit bewahren: Die eigene Haut retten sie immer, und sei es nur, indem sie fluchtartig den Schauplatz verlassen.

Das Aus-Setzen der Normalität, sowohl im Sinne von «beenden» als auch von einer anderen Ordnung «ausliefern», ist das Prinzip, nach dem der Surrealismus funktioniert. Dazu gehört auch, dass die Gesetzmäßigkeiten der Zeit ihre Gültigkeit verlieren. In *Duck Soup* befiehlt Groucho während der Schlacht, eine Nachricht per Funk zu übermitteln. Nachdem dies geschehen ist, fragt er den Funker *Is there any answer to the message? (Haben wir schon eine Antwort auf unsere Botschaft erhalten?)* Als die Antwort negativ ist, befiehlt Groucho: *In that case don't send it. (Wenn das so ist, dann schickt sie nicht los.)* Einen Film später verhandelt er mit Chico über die Gage des Tenors, den er verpflichten will, und Chico sagt: *You pay him enough he could sail yesterday. (Wenn Sie ihm genug zahlen, fährt er gestern.)* (*A Night at the Opera*)

Auf der literarischen Ebene findet der Surrealismus im absurden Theater seine Entsprechung. Hier haben die Regeln der Logik ebenso wenig Gültigkeit wie die Akteure psychologische Glaubwürdigkeit. Aktionen und Reaktionen der Spieler und Gegenspieler sind unberechenbar, Handlungen haben keine beziehungsweise nicht die erwarteten Konsequenzen, die Grenzen zwischen Sinn und Unsinn werden fließend, das Unverständliche wird zum Selbstverständlichen. «[...] in der Welt des antiheroischen Humors gab und gibt es schockierende komische Verzerrungen, die die Absurdität der modernen Welt unterstreichen. Groucho & Co. betrachteten sich selbst als Vertreter dieser ‹irrwitzigen› Richtung.»[189]

Über die Genese des absurden Theaters schrieb einer seiner populärsten Vertreter, der französische Dramatiker Eugene Ionesco, im Februar 1958: «Man musste gründlich über die blasse Ironie der geistreichen Salonkomödie hinaus dem Grotesken, der Karikatur nachgehen. Keine Salonkomödie, sondern die Farce, die aufs Äußerste übertriebene Parodie. Humor, ja, aber mit den Mitteln der Burleske. Eine harte Komik, Komik ohne Feinheiten, übertrieben. Keine dramatischen Komödien mehr. Sondern zurück zum Unerträglichen. Alles auf die Spitze treiben …»[190] An diese Forderung hält Harpo sich noch in seinem letzten Film, *Love Happy*. Einer seiner bevorzugten Gags bestand darin, aus den unergründlichen Tiefen seines weiten Mantels und seiner Hosentaschen die unmöglichsten Dinge hervorzubringen: ein komplettes Tafelbesteck (*I'll say She Is* und

Harpo und die unergründlichen Tiefen seines Mantels. Szene aus «Love Happy», 1949

erstmals auf der Leinwand in *Animal Crackers*), eine Kerze, die an zwei Enden gleichzeitig brennt, eine dampfende Tasse Kaffee samt Untertasse, als ihn ein Landstreicher bittet: *Say, buddy, could you help me out? I'd like to get a cup of coffee (He, Kumpel, kannst du mir helfen? Ich hätt gern eine Tasse Kaffee)*; einen Seelöwen *(seal)*, als Groucho einen Brief versiegeln *(to seal)* will (alle in *Horse Feathers*).

In *Love Happy* erreicht dieser Gag seinen quantitativen Höhepunkt: Um den hungernden Mitgliedern einer nahezu bankrotten Theatertruppe zu helfen, füllt Harpo seinen Mantel zunächst ausgiebig mit den Beständen eines Lebensmittelladens – wozu auch die Sardinendose gehört, in der die gesuchten Diamanten sind –, bis er aussieht wie eine wandelnde Glocke. In einer späteren Szene wird er von den Gehilfen Madame Egilichis (Ilona Massey) nach dieser Sardinendose durchsucht. In seinem Mantel finden sie dabei unter anderem die Beine einer Schaufensterpuppe, einen Schlitten, einen Schirm, eine Fußmatte, einen Briefkasten, eine Stange, wie sie Friseure als Geschäftszeichen benutzen, und einen Eisblock für nicht elektrische Kühlschränke sowie einen lebenden Hund. Nach dieser Aktion sieht das Zimmer aus wie ein chaotisches Warenlager, das mit sinn- und wertlosem Zeug voll gestopft worden ist.

Das Motiv der massenhaft verwendeten, die Akteure schier erdrückenden Requisiten – es taucht auch in *A Night in Casablanca* auf, wo Chico und Harpo die Tanzfläche mit Tischen und Stühlen so voll stellen, dass Groucho und seine Tanzpartnerin sich kaum noch bewegen können – hat Ionesco später in zwei seiner Stücke aufgegriffen: in «Die Stühle» und «Der neue Mieter». Auch andere Aussagen Ionescos, auf das absurde Theater gemünzt, können auf die Filme der Marx Brothers übertragen werden. «Die Worte haben keine Bedeutung mehr»; «In einer Welt, in der alles verspottenswert und niederträchtig ist, ist einzig die reine, schonungsloseste Komik möglich» und schließlich: «Das Theater ist immer 20 oder 30 Jahre hinter der Poesie zurück. Der Film ist dem Theater voraus.» [191]

In der Tat werden die Marx Brothers oft als Ahnherren des absurden Theaters genannt, und es war wiederum Ionesco, der sich ihnen in besonderer Weise verpflichtet fühlte. Für «Die kahle Sängerin», Ionescos erstem, 1950 uraufgeführtem Stück, mit dessen Inszenierung er nicht ganz zufrieden war, «hatte ich mir [...] eine burleskere, dynamischere Inszenierung vorgestellt, ein wenig im Stil der Gebrüder Marx, was eine Art Knalleffekt erlaubt hätte»[192]. Anlässlich der amerikanischen Erstaufführung von «Der Hirt und sein Chamäleon» («L'impromptu de l'Alma») im Dezember 1960 erzählte Ionesco den Zuschauern, er fühle sich zwar auch den französischen Surrealisten verpflichtet, aber «den bedeutendsten Einfluss auf sein Werk hätten doch Groucho, Chico und Harpo Marx ausgeübt. Mit der Schnelligkeit ihrer Reaktionen, ihrer Geschicklichkeit als Musikclowns, Harpos Stummheit und dem wilden ‹Surrealismus› ihres Dialogs schlagen die Marx Brothers eine Brücke zwischen der Commedia dell'Arte und dem Vaudeville auf der einen und dem Theater des Absurden auf der anderen Seite. Die

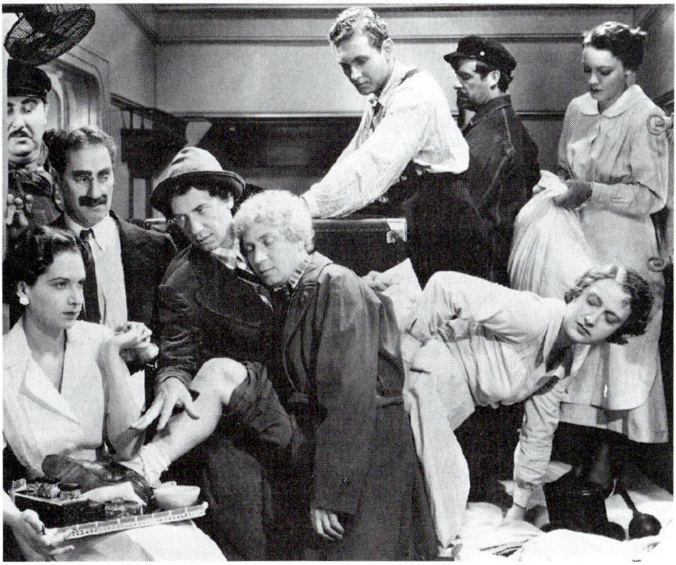

Die wohl berühmteste aller Marx-Brothers-Szenen, aus «A Night at the Opera»: In die Schiffskabine drängen sich immer mehr Leute ...

berühmte Szene in ‹A Night at the Opera›, in der immer mehr Leute in eine winzige Kabine auf einem Ozeandampfer strömen, zeigt schon das irrsinnige Wuchern und die ganze Tollheit, die wir später bei Ionesco finden.»[193] Auch in Ionescos erstem abendfüllenden Drama, «Mörder ohne Bezahlung», das 1958 in Deutschland uraufgeführt wurde, findet sich zu Beginn des dritten Aktes eine Passage, die von den Marx Brothers beeinflusst ist. In dieser Szene balgen sich in slapstickhafter Überdrehung mehrere Personen um eine Aktentasche, deren Inhalt so geheim ist, dass selbst deren Besitzer nicht weiß, um was es sich handelt («Je suis discret avec moi-même»[194], «Ich bin sehr diskret mir gegenüber») – eine thematisch verwandte Szene gibt es in *Go West*, wenn Chico als Joseph Panello seinem Bruder Rusty (Harpo) ein Telegramm vorliest und sich dabei die Ohren zuhält, weil ihn der Inhalt nichts angeht –, während «La mère Pipe» («Mutter Pfeife»), die hauptberuflich eine Gänsezucht betreibt («Meine Gänse und ich wollen an die Macht»), ihr revolutionäres Programm verkündet: «Leute, ihr seid hinters Licht geführt worden. Ich werde euch wieder vors Licht führen.» In den folgenden Dialogpassagen entwickelt Ionesco Marx-würdige Wortspielereien mit den Begriffen «mystifier» (hinters Licht führen) und «mystificateur» (Spaßvogel), «démystificateur» («Trauervogel») und «mystification» (Täuschung). Außerdem erklärt «La mère Pipe» dem Volk: «Um alles zu ändern, muss man nichts verändern. Es wird nur noch Missverständnisse geben. Wir werden die Irrtümer perfektionieren. […] Wir werden die Menschen nicht kolonisieren, wir werden sie in Besitz nehmen, um sie zu befreien. […] Die wiederhergestellte Tyrannei wird Disziplin und Freiheit heißen. […] Was die Intellektuellen angeht […] sie werden im Gänsemarsch gehen müssen.»[195] Die Parallele zu einer Passage in *Duck Soup* ist offensichtlich: Hier erzählt Groucho als neu gewählter Präsident Rufus T. Firefly in einem Song den versammelten Honoratioren, wie er das Land Freedonia zu führen gedenkt:

These are the laws of my administration.
No one's allowed to smoke
Or tell a dirty joke: And whistling is forbidden […]

If chewing gum is chewed
The chewer is pursued
And in the hoose-gow hidden [...]
If any form of pleasure is exhibited
Report to me and it will be prohibited.
I'll put my foot down,
So shall it be.
This is the land of the free.
The last man nearly ruined this place,
He didn't know what to do with it.
If you think this country's bad off now,
Just wait till I get through with it. [...]
I will not stand for anything
That's crooked or unfair.
I'm strictly on the up and up,
So everyone beware.
If anyone 's caught taking graft
And I don't get my share,
We stand 'em up against the wall
And pop goes the weasel! [...]
If anyone should come between
A husband and his bride,
We find out which one she prefers
By letting her decide.
If she prefers the other man,
The husband steps outside.
We stand him up against the wall,
And pop goes the weasel.[196]
(Dies sind die Gesetze in meiner Regierung: / Keiner darf rauchen / Oder schmutzige Witze erzählen / Und Pfeifen ist verboten / [...] / Wer Kaugummi kaut / wird verfolgt / und ins Kittchen geworfen / [...] / Gibt es irgendwo ein Vergnügen / erstattet mir Bericht, und es wird verboten / Da bin ich sehr energisch / So soll es sein / Das ist das Land der Freien / Mein Vorgänger hätte dieses Land fast ruiniert / Er wusste nicht, was er damit anfangen sollte / Wenn ihr glaubt, dass es diesem Land schlecht geht / Dann wartet, bis ich mit ihm fertig bin [...] Ich werde nichts dul-

den / was verbrecherisch und unfair ist / Ich sehe nach dem Rechten / und jeder sehe sich vor / Wenn einer Schmiergeld annimmt / und ich kriege nicht meinen Anteil / wird er an die Wand gestellt / und dann macht's Peng / Wenn einer sich zwischen / einen Mann und seine Braut drängt / dann werden wir herausfinden, welchen sie bevorzugt / und lassen sie entscheiden / Wenn sie den anderen will, / muss der Ehemann vortreten / Wir stellen ihn an die Wand / und dann macht's Peng.)

Duck Soup ist – abgesehen von *A Night in Casablanca*, der zwar die Nazis lächerlich macht, aber mehr noch eine Parodie auf die Hollywood-Filme über Nazis ist[197] – der einzige Film der Marx Brothers mit einer politischen Aussage: Politik ist eine Lachnummer, und Politiker sind im besten Falle Narren, im schlimmsten auf den eigenen Vorteil bedachte Gauner. Andrew Bergman bezeichnet *Duck Soup* sogar als «die gewagteste politische Satire des Jahrzehnts (und vielleicht des amerikanischen Films überhaupt)» – ein Film, der «nicht die politischen Machenschaften an[griff], sondern die Idee von Staatspolitik schlechthin».[198]

Darin dürfte auch der Grund für den geringen kommerziellen Erfolg von *Duck Soup* liegen: Nach Thalbergs Ansicht enthielt er zwar «mehr Lacher, als ein Film brauchte»[199]. Aber viele Amerikaner reizte 1933 diese Art von Komik nicht zum Lachen. Das Land war in einer tiefen Depression, und Franklin D. Roosevelts New Deal musste seine Effizienz erst noch unter Beweis stellen – und implizierte bis dahin die Möglichkeit des Scheiterns. Den verrückten Führer eines wenn auch noch so absurden Landes in den Mittelpunkt eines respektlosen Films über Staatsoberhäupter und Kriege zu stellen, stieß in diesen düsteren Zeiten auf wenig Verständnis. «Es bedarf keiner geheimen Fähigkeiten, um zu erkennen, dass die Symbole von Staat und Gewalt in der Kunst schlecht wegkommen, wenn der Staat selbst hilflos zu sein scheint.»[200] Deshalb kratzte «der Nihilismus der Brothers […] ein bisschen zu sehr am Nerv der amerikanischen Gefühle»[201]. Der Film «kommt praktisch einem kulturellen Zusammenbruch gleich. Groucho ist Rufus

«Duck Soup», 1933: Politik als Lachnummer

T. Firefly, Premierminister von Freedonia, einer ‹poststempelgroßen› Republik, die irgendwo in einem euro-amerikanischen Kontinent herumschwirrt. Rufus spielt in der Deputiertenkammer Würfelspiel, und so werden auch die Geschäfte in Freedonia erledigt. Er setzt sich eine Waschbärmütze auf und zieht Bürgerkriegsuniformen des Nordens und Südens an, während Harpo ein napoleonisches Kostüm trägt. Die Alte und die Neue Welt sind in dem kleinen Sturm von Grouchos aufgemaltem Schnurrbart kollabiert, und die Geschichte ist nichts weiter als ein Spielzeug, mit dem die Marx Brothers spielen können.»[202] *Duck Soup* zeigt die Absurdität des Krieges, der oft nur die Konsequenz der Dummheit und Eitelkeit eines größenwahnsinnigen Staatsmannes ist. Er zeigt, dass politische Führer nicht notwendigerweise aufgrund ihrer Fähigkeiten in ihr Amt geraten sind und dass Länder, die sich der Freiheit rühmen, die sie ihrem Volk gewähren, über Nacht zur Diktatur werden können.[203] Und nicht zuletzt zeigt er den menschenverachtenden

Zynismus, der darin liegt, dass die Fortführung eines Krieges nicht immer politisch, sondern oft auch ökonomisch begründet wird: *But there must be a war. I've paid a month's rent on the battlefield (Aber es muss einen Krieg geben. Ich habe schon eine Monatsmiete für das Schlachtfeld bezahlt)*, erklärt Groucho den Bürgern seines Landes.

Ein derartiger Nihilismus war nicht nach dem Geschmack des Publikums der dreißiger Jahre. *Duck Soup* war zwar auch eine Warnung vor den Gefahren und Auswüchsen der Demagogie. Aber die Volksverhetzer und Diktatoren trieben ihr Unwesen im fernen Europa. Was hatten die Amerikaner 1933 schon von ihnen zu befürchten? Den Wahnwitz eines paranoiden Politikers sollten sie erst rund fünfzehn Jahre später kennen lernen, als Joseph McCarthy Vorsitzender des Komitees für unamerikanische Aktivitäten wurde und der Öffentlichkeit Szenen lieferte, die sich bruchlos in einen Marx-Brothers-Film hätten einfügen lassen. «Der McCarthyismus war [...] eine überstürzte Flucht aus der Wirklichkeit. Er erhöhte das Lächerliche und machte das Wesentliche lächerlich. Er beleidigte den gesunden Menschenverstand, indem er ihn für verbrecherisch hielt. Er brachte die Kategorien von Form und Wert durcheinander. Er machte Weise aus Spinnern und beschuldigte intelligente Menschen, Idioten zu sein.»[204] McCarthy schreckte nicht einmal davor zurück, «eines seiner vermeintlich kommunistischen Opfer als besonders typisches Beispiel zu benennen, gerade weil der Betreffende k e i n Kommunist war»[205]. Überzeugender hätte auch Groucho derartig widersinnige Argumentationen nicht liefern können. Er war übrigens ein entschiedener Gegner des nicht nur antikommunistischen, sondern auch antisemitischen Provinzpolitikers. Und es scheint geradezu, als hätten die Marx Brothers Szenen, die sich Ende der vierziger und Anfang der fünfziger Jahre vor dem Untersuchungsausschuss abspielten, in prophetischer Weise vorweggenommen. «‹McCarthy trat ein, Aktentasche in der Hand. Zerknittert und atemlos erklärte er dem Komitee, dass er den Fall geklärt habe, aber etwas schrecklich Wichtiges dazwischengekommen sei – eine Senatsdebatte über das Wohnungswesen. Und er flitzte zur Tür.› Als Groucho in ‹A Day at the Races› seine Kompetenz als Arzt beweisen soll, erklärt er, dass etwas schrecklich Wichtiges während der Grippe-Epidemie dazwischengekommen sei – er habe sich an der Grippe angesteckt – und flitzt davon.»[206]

Man kann die Parallelen zwischen der Handlung eines Marx-Brothers-Film und dem Irrsinn der Kommunistenhetze auf die Spitze treiben, wenn man darauf hinweist, dass in McCarthys Gefolge Männer waren, die Urban P. van Susteren und Otis Gomillion hießen – Namen, die auch den Autoren der Marx-Brothers-Filme für ihre Charaktere hätten einfallen können.[207] Alles in allem konzentriert sich in der Person Joseph McCarthys all das, was Groucho als Rufus T. Firefly in *Duck Soup* vorweggenommen hat: Korruption, Unehrlichkeit, Dummheit, Rücksichtslosigkeit, gepaart mit der Verbissenheit, seine Ziele um jeden Preis zu erreichen.

Auch in *Horse Feathers* gibt es eine Szene, die wie eine makabre Vorwegnahme eines Ereignisses wirkt, das wenige Monate nach der Uraufführung des Films (August 1932) am 10. Mai 1933 in Berlin barbarische Realität wurde: die Bücherverbrennung. Harpo wirft als neu gewonnener Student, der des Lesens und Schreibens unkundig ist – Student wird er nur, weil er die Footballmannschaft der Universität zum Sieg führen soll –, Bücher in den offenen Kamin beim verzweifelten Versuch, die Bildung auf sein eigenes Niveau herunterzuholen: Wo es keine Druckwerke gibt, braucht auch niemand lesen zu können oder zu lernen.

In Europa erkannte offenbar lediglich Mussolini die Gefahr, die von diesem Film für das Ansehen von Staatsmännern seines Schlages ausging. Folgerichtig wurde *Duck Soup* in Italien boykottiert – dazu hatte im Oktober 1938 die faschistische Zeitung «Il Tevere» aufgerufen[208] – und schließlich vom «Duce» verboten. In Hitler-Deutschland waren die Marx Brothers gar nicht erst angekommen. Da sie jüdisch waren, hatten ihre Filme ohnehin keine Chance, in einem deutschen Kino gezeigt zu werden. Ob das Publikum, gewöhnt an die bedächtigen Ufa-Komödien und ihre im Vergleich zu den Marx

Brothers eher bodenständigen und zweifellos gesellschaftskonformen Stars, überhaupt Gefallen an ihnen gefunden hätte, darf bezweifelt werden.

Im Spanien Francos scheint man dem parodistischen Abbild eines Diktators souveräner begegnet zu sein: «Franco führte aus dem Ausland vor allem italienische und deutsche Filme ein, obwohl die Lieferung von Hollywood-Filmen aus Amerika nicht eingestellt wurde. Im republikanischen Teil des Landes kamen amerikanische, französische und sowjetische Streifen zur Aufführung. [...] Erfolg im Komischen hatte Groucho Marx, als er in Duck Soup (‹Entensuppe›) in der Uniform auftrat. Es ergab sich so, dass seine Uniform den Uniformen der Offiziere General Francos unwahrscheinlich ähnlich war. Großen Lacherfolg hatte in eben diesem Sachverhalt eine Dialogstelle, als Groucho auf die Stabskarte sieht und seinen Kameraden erklärt: ‹Ein dreijähriges Kind würde dieses strategische Problem lösen können.› Es tritt eine Pause ein, dann fügt der heldenhafte Oberst hinzu: ‹Schafft schnell ein dreijähriges Kind herbei.› Man hätte den Soldaten, die auf Kurzurlaub in der Hauptstadt waren, keinen größeren Gefallen tun können.» [209]

Duck Soup war der letzte Paramount-Film – und der letzte, bei dem die Marx Brothers ihrer anarchischen Komik in vollem Umfang frönen konnten. «Nachdem die Brothers von Paramount zu MGM gegangen waren, wurde ihr Furor gedämpft. Die ‹Marx Brothers in der Oper› (1935) und ‹Skandal auf der Rennbahn› (1937) zeigten jede Menge klassischen Unsinn, doch die Grenzen waren gezogen, und das nihilistische Universum, das die Brothers bewohnten, wurde immer kleiner. Eine Oper ruinieren oder ein Rennen manipulieren, das konnten die Brothers, ohne unsere Traumzeit im Kino zu stören. Und dann sang auch noch Allan Jones ein paar Lieder und sorgte für ein wenig überflüssige Romantik. Aber mehr als Margaret Dumont, Grouchos Leinwand-Geliebte, die die ideale Adresse für seine libidinösen und versponnenen Einzeiler war, brauchten die Brothers nicht.» [210]

Mit dem Wechsel von Paramount zu MGM waren die Marx Brothers sozusagen massenkompatibel im Sinne von Irving

«Die Marx Brothers im Krieg» – so der (spätere) deutsche Verleihtitel von «Duck Soup». Groucho Marx spielt den «Staatsmann» Rufus T. Firefly, Chico seinen Helfer Chicolini.

Thalberg geworden: Ihre anarchische Komik befriedigte einerseits die Erwartungen ihrer alten Fans, während andererseits die eingeflochtene Liebesgeschichte neue Publikumsschichten, vor allem Frauen, anzog. Toeplitz' Behauptung, Regisseure wie Leo McCarey und Norman McLeod hätten «ein feineres Gefühl für Humor [...] als Sam Wood»[211], bedarf freilich einer Korrektur. Wood setzte in *A Night at the Opera* und *A Day at the Races* andere und zusätzliche komische Akzente, die nicht ursächlich mit den Marx Brothers zusammenhängen. Seine Inszenierung der Opernszenen ist nicht nur von überschäumender Komik, sondern auch ein genuiner Spaß für Eingeweihte und nicht zuletzt ein dramaturgisch geschickter Verweis darauf, dass die Welt für das Liebespaar Rosa und Ricardo aus den Fugen ist, solange es nicht gemeinsam auf der Bühne stehen kann. Ehe dieses Ziel aber erreicht ist, wird die artifiziellste Form theatralischer Darbietung in *A Night at the Opera* bis zur Schmerzgrenze parodiert.

Damit bekommen natürlich auch die vermeintlichen Opernliebhaber – nicht immer Kenner, aber wenigstens in der Lage, sich die teuren Karten leisten zu können – ihr Fett weg. In feinste Roben gewandet, delektieren sie sich selbst an einer so hirnrissigen Vorstellung, wie Wood sie präsentiert. Zunächst erklingt das Vorspiel zu Verdis «Troubadour». Wenn die Kamera erstmals auf das Bühnengeschehen schwenkt, so sieht man dort erstaunlicherweise das Szenenbild von Leoncavallos «Bajazzo» (der auch, wie eine spätere Szene zeigt, in den Schaukästen des Opernhauses angekündigt wird) und Lassparri, den eitlen Tenor, im Kostüm des Titelhelden, umgeben von Gauklern und Straßenvolk. Während er eine große Trommel schlägt, singt er die Arie «Quest' o quella», die nun wiederum aus «Rigoletto» stammt und dort vom Herzog vorgetragen wird. Das Verwirrspiel geht weiter: Im Kostüm der Santuzza (aus «Bajazzo») singt Rosa die Arie der Gilda, «Caro nome», womit sich der Kreis schließt: die Inszenierung ist wieder bei «Rigoletto» angekommen.

Am Ende des Films, im New Yorker Opernhaus, bleibt die Vorstellung zwar durchgängig beim «Troubadour» – abgesehen von einigen Irritationen bei der Ouvertüre, als Harpo die Noten von «Take me out to the ball game» auf die Pulte der Musiker legt und diese den Schlager weisungsgemäß spielen, wobei Harpo und Chico ein kleines Baseballspiel im Orchestergraben veranstalten. Zuvor schon haben sie auf unorthodoxe Weise ins Geschehen eingegriffen, als sie jeder einen Teil des Orchesters dirigieren wollen und Groucho als Erdnussverkäufer durch das Parkett geht. Und dann laufen die Ereignisse hinter und auf der Bühne, wo die Kulissen erneut ein irrwitziges Eigenleben entwickeln, dermaßen aus dem Ruder, dass ein ordentlicher Verlauf der Vorstellung nicht möglich ist. Erst als Lassparri ausgeschaltet ist und Ricardo und Rosa auf der Bühne stehen, die Marx Brothers also ihr Ziel erreicht haben, steht einer ordnungsgemäß ablaufenden Vorstellung nichts mehr im Wege; die Welt hinter der Bühne ist in Ordnung gebracht, nun kann es auch die Pappmaché-Welt auf der Bühne wieder sein.

Dass Irving Thalberg die Marx Brothers nach ihrer Vertragsunterzeichnung bei MGM «hin zum Gewöhnlichen» führte und ihr Talent «verwässerte»[212], ist mithin nur bedingt richtig. Bei genauerem Hinsehen ändert sich am ätzenden Humor der Marx Brothers nichts Wesentliches; er wird nur durch die Bedeutung, die in den späteren Filmen den anderen Handlungselementen beigemessen wird, «entschärft». Schließlich hat auch Essig, für sich genommen, stets den gleichen beißenden Geschmack; gemildert wird er nur durch die Menge des Wassers, mit der man ihn vermischt.

Für die Güte des Marx'schen Humors spricht nicht zuletzt seine dauerhafte Wirkung. Bis heute haben die Pointen, die respektlosen Dialoge und der pantomimische Witz nichts von ihrer Wirkung eingebüßt. «Mae West und W. C. Fields waren sehr komische Charaktere, aber ihre Filme waren nicht so großartig, und die Wirkung ihrer Komik hat heutzutage vorwiegend nostalgische Gründe. Von den Tonfilm-Komikern haben offenbar nur die Marx Brothers eine bleibende Wirkung. Ihre vollkommenen und unverbesserlichen Unverschämtheiten sind überall und zu jeder Zeit verständlich.»[213] Viele Filmkomiker, die in den fünfziger und sechziger Jahren zu arbeiten begannen, sind maßgeblich von den Marx Brothers beeinflusst worden, allen voran Woody Allen, der wichtigste amerikanische (Komödien-)Regisseur der Nachkriegszeit, in seinen frühen Filmen.[214] Die populärste (und höchst bezahlte) Fernseh-Talkmasterin der USA erwies dem von ihr bewunderten Harpo ihre Reverenz, indem sie seinen Namen, von hinten gelesen, als ihr Pseudonym wählte: Oprah Winfrey. Der Historiker und Marx-aficionado Paul G. Wesolowski publizierte 1978 die erste Ausgabe der «Freedonia Gazette», die sich als Organ der «Marx

Eine Hommage von Woody Allen an die Marx Brothers: Virgil Stockwells Eltern tragen Groucho-Masken in Allens Film «Take the Money and Run», 1969

Brotherhood» versteht oder auch der «Marx Brothers Study Group» und seitdem halbjährlich erscheint.

Groucho, Harpo und Chico sind tot – aber die Marx Brothers sind lebendig wie eh und je. Das Vergnügen des Publikums in den Nachtvorstellungen der Programmkinos, in denen ihre Filme zum festen Repertoire gehören, ist heute immer noch so groß wie das der Zuschauer bei den Premieren. Ihr Kultstatus ist unbestritten und das Geheimnis ihres nicht enden wollenden Erfolges leicht zu erklären: «Sie behandeln die bedeutsamsten Fragen, mit der sich die Komödie beschäftigen kann. Sie fragen uns – wenigstens tun es die erfolgreichen – unaufhörlich und unbeirrbar: ‹Wirklichkeit – was ist das?› Politik? Fußball? Universitäten? Doch das alles verschwindet im Nebel der Bedeutungslosigkeit, wenn die Brüder zum Angriff blasen. Sogar Sex, das heiligste Thema, das Hollywood stets mit großem Ernst behandeln muss, wird bei ihnen zur Lachnummer. […] Niemals war jemand lüsterner in einem Film als Groucho, niemals waren Filme, mit Ausnahme die von ‹Rin Tin Tin›, unerotischer als die der Marx Brothers.»[215]

Die Marx Brothers haben uns gelehrt, dass die Welt eine merkwürdige und einzigartige Kugel ist, in deren Atmosphäre der Unsinn, der oft von ganz ernsthaften Leuten als der Weisheit letzter Schluss verkauft wird, ein so günstiges Biotop gefunden hat, dass er wächst und gedeiht und wuchernde Blüten treibt, solange es Menschen gibt. Dass es Clowns, Künstler, Spiegelfechter und Eulenspiegel wie Groucho, Chico und Harpo braucht, die aus der brüchigen Ordnung einen soliden Trümmerhaufen machen, auf dem sie uns, verhöhnt und versöhnt, mit schallendem Gelächter sitzen lassen. Und während wir noch schmunzeln über die Welt als Wille und Vorstellung dreier begnadeter Narren, die an den Höfen selbst ernannter Könige und anmaßender Popanze ihr Unwesen treiben, können wir schon einmal damit beginnen, uns aus demselben Trümmerhaufen die Requisiten für unsere eigene, unendlich bedeutungslose und grenzenlos wichtige Existenz zusammenzusuchen.

Anmerkungen

1 Vgl. Chandler, Charlotte, Hello, I Must Be Going, S. 263
2 Marx, Groucho: Groucho and Me, S. 29
3 Ebd., S. 29
4 Ebd., S. 15
5 Vgl. Marx, Harpo: Harpo spricht, S. 15
6 Vgl. Chicos Aussage beim arte-Themenabend «Marx Attacks». S. auch Kanfer, Stefan: Groucho. The Times and Life of Julius Henry Marx, S. 52
7 Vgl. «An Evening with Groucho» (Live-Mitschnitt)
8 Arce, Hector: Groucho, S. 82 f.
9 Marx, Groucho, op. cit., S. 31 f.
10 Arce, op. cit., S. 40
11 Anobile, Richard J.: The Marx Bros. Scrapbook, S. 16
12 Arce, op. cit., S. 30
13 Marx, Harpo, op. cit., S. 17. Die Erinnerung an die häusliche Enge findet gut drei Jahrzehnte später ihren Niederschlag in einer berühmten Szene in «A Night at the Opera». Groucho muss sich als hinterlistiger und mittelloser Impresario Otis B. Driftwood eine winzige Schiffskabine mit Harpo, Chico und dem Tenor Ricardo Baroni teilen, zwei blinden Passagieren, die Groucho unwissentlich in seinem Schrankkoffer an Bord gebracht hat. In den winzigen Verschlag drängen sich nach und nach Handwerker, Putzfrauen, Kosmetikerinnen, Kellner und ein junges Mädchen, das seine Tante sucht. Auf dem Höhepunkt des grotesken Auflaufs öffnet Margaret Dumont als Mrs. Claypool die Kabinentür, und wie Wasser aus einem Überdruckventil schießt ein Menschenknäuel aus der Tür hinaus auf den Gang.
14 Marx, Groucho, op. cit. S. 15
15 Arce, op. cit. S. 33
16 Ebd., S. 33 f.
17 Ebd., S. 41
18 Ebd., S. 33
19 Marx, Harpo, op. cit., S. 21
20 Ebd., S. 20
21 Ebd., S. 53 f.
22 Ebd., S. 28
23 Marx, Groucho, op. cit. S. 19 f.
24 Marx, Harpo, op. cit., S. 25
25 Vgl. Arce, op. cit., S. 49
26 Marx, Harpo, op. cit., S. 32 f.
27 Ebd., S. 33
28 Ebd., S. 21
29 Vgl. Marx, Arthur: My Life with Groucho, S. 34
30 Schmidt-Joos, Siegfried: Das Musical, S. 40
31 Marx, Groucho, op. cit., S. 91
32 Chandler, op. cit., S. 25
33 Marx, Groucho, op. cit. S. 42
34 Ebd., S. 42
35 Ebd., S. 32
36 Ebd., S. 31
37 Arce, op. cit. S. 46
38 Marx, Groucho, op. cit., S. 32 f.
39 Marx, Harpo, op. cit. S. 60
40 Anobile, op. cit., S. 15. Grouchos Bemerkung erweckt den Anschein, als sei er ein überzeugter Jude gewesen. Tatsächlich aber hat ihm sein Glaube nie viel bedeutet, wenn er auch später einige jüdische Kollegen kritisierte, deren Komik seiner Meinung nach zu ethnisch geprägt war und die deshalb die Juden lächerlich machten. In privatem Kreis machte er allerdings aus seiner Respektlosigkeit vor Rabbis – ebenso wie vor Repräsentanten anderer Religionen – kein Hehl. Bei der Hochzeit seines Sohnes Arthur, die nach jüdischem Ritus vollzogen wurde, fragte Groucho den Rabbi: «Is it true you fellows breed like rabbis?» («Stimmt es, dass ihr euch vermehrt wie die ‹Rabbis›» – gemeint sind «rabbits», Kaninchen. Vgl. dazu Glenn Mitchell, The Marx Brothers Encyclopedia, S. 203).
41 Marx, Groucho, op. cit., S. 42
42 Arce, op. cit., S. 57 f.
43 Marx, Harpo, op. cit., S. 60

44 Mitchell, Glenn: The Marx Brothers Encyclopedia, S. 237
45 Schmidt-Joos, op. cit., S. 36f.
46 Arce, op. cit., S. 52
47 Schmidt-Joos, op. cit., S. 40
48 Arce, op. cit., S. 89
49 Marx, Henry: Die Broadway-Story, S. 50
50 Ebd., S. 50
51 Anobile, op. cit., S. 42
52 Vgl. «An Evening with Groucho»
53 Anobile, op. cit., S. 19
54 Marx, Harpo, op. cit., S. 89f.
55 Marx, Groucho, op. cit., S. 96
56 Schmidt-Joos, op. cit., S. 40f.
57 Vgl. Arce, op. cit., S. 42
58 Marx, Groucho, op. cit., S. 55
59 Ebd., S. 59f.
60 Ebd., S. 64
61 Anobile, op. cit., S. 18
62 Marx, Groucho, op. cit., S. 65
63 Arce, op. cit., S. 58
64 Ebd., S. 60
65 Ebd., S. 62
66 Ebd., S. 65
67 Ebd., S. 66
68 Ebd., S. 67
69 Marx Harpo, op. cit., S. 87
70 Arce, op. cit., S. 68
71 Anobile, op. cit., S. 52f.
72 Marx, Harpo, op. cit., S. 89
73 Ebd., S. 90f.
74 Vgl. Arce, op. cit., S. 76
75 Anobile, op. cit., S. 29
76 Ebd., S. 33
77 Arce, op. cit., S. 78f.
78 Ebd., S. 86
79 «An Evening with Groucho»
80 Arce, op. cit., S. 87
81 Ebd., S. 84
82 Marx, Harpo, op. cit., S. 109f.
83 Ebd., S. 110
84 Mitchell, op. cit., S. 114f.
85 Ebd., S. 210
86 Groucho hielt nicht allzu viel von Chicos Musiknummern. Wann immer es ging, verließ er das Studio, wenn diese Szenen gedreht wurden. «Er war der schlechteste Klavierspieler, den ich jemals gehört habe. Er hatte überhaupt kein Ohr für Musik. Meistens musste ich raus aus dem Theater, wenn er seine Szene am Klavier hatte.» (Marx, Arthur, op. cit., S. 33)
87 Arce, op. cit., S. 90
88 Vgl. ebd., S. 91
89 Ebd., S. 92
90 Anobile, op. cit., S. 45. Minnie verabschiedete Gummo mit der wenig liebenswürdigen Bemerkung: «Wir brauchen dich sowieso nicht.» (Vgl. Kanfer, op. cit., S. 55)
91 Vgl. Arce, op. cit., S. 107f.
92 Anobile, op. cit., S. 102
93 Vgl. Mitchell, op. cit., S. 126
94 Marx, Groucho, op. cit., S, 169
95 Marx, Harpo, op. cit., S. 148
96 Ebd., S. 156
97 Ebd., S. 159
98 Arce, op. cit., S. 130
99 Marx, Groucho, op. cit., S. 170
100 Arce, op. cit., S. 126
101 Schulte, Michael: Warum haben Sie nicht …?, S. 58
102 Ebd., S. 59
103 Ebd., S. 59
104 Ebd., S. 59
105 Vgl. Arce, op. cit., S. 137
106 Mitchell, op. cit., S. 58
107 Arce, op. cit., S. 143
108 Ebd., S. 143
109 Ebd., S. 149
110 Anobile, op. cit., S. 181f.
111 Mitchell, op. cit., S. 63
112 Atkinson: Broadway, S. 318
113 Marx, Harpo, op. cit., S. 222
114 Ebd., S. 223
115 Arce, op. cit., S. 155
116 Ebd., S. 151f.
117 Ebd., S. 183
118 Mordden, The Hollywood Musical, S. 138
119 Schulte, op. cit., S. 32
120 Anobile, op. cit., S. 210
121 Ebd., S. 53f.
122 Ebd., S. 251
123 Arce, op. cit., S. 197
124 «The Marx Brothers Radio Show», S. IX
125 Ebd., S. IX
126 Vgl. Anobile, op. cit., S. 252

127 Um den zähen Gagenverhandlungen und -zahlungen, unter denen vor allem die weniger berühmten Filmschauspieler zu leiden hatten, einen Riegel vorzuschieben, verließen viele – auch namhafte – Künstler 1933 die «Academy of Motion Picture Arts and Sciences» und gründeten die «Screen Actors Guild» (SAG). Der Vaudeville-Star Eddie Cantor wurde Präsident, Fredric March Vizepräsident der SAG und Groucho Schatzmeister.
128 Arce, op. cit., S. 212
129 Ebd., S. 214
130 Ebd., S. 222
131 Ebd., S. 272
132 Die Groucho-Letters, S. 20ff.
133 Ebd. S. 136
134 Arce, op. cit., S. 277
135 Schulte, op. cit., S. 83
136 Sowohl der Begriff «heroic comedy» wie «anti-heroic comedy» wird im Zusammenhang mit den Marx Brothers erwähnt. Je nach Interpretationsansatz können die Marx Brothers in der Tat in beide Kategorien eingeordnet werden. «Heroic» sind sie insofern, als sie sowohl die handelnden als auch die die Handlung vorantreibenden Helden ihrer Geschichten sind; «anti-heroic», weil sie für all das stehen, was den besseren sozialen Schichten ein Gräuel ist und damit keine «positiven Helden» sein können.
137 Toeplitz, Geschichte des Films 1934–1939, S. 74
138 Arce, op. cit., S. 211
139 Ebd., S. 296
140 Mitchell, op. cit., S. 183
141 Ebd., S. 183
142 Vermutlich hatte er das schon – und zwar ganz ohne Zusatzgage – vor Jahren getan. In «Monkey Business» ist Harpo einer der vier blinden Passagiere, die ihre Reise in Heringsfässern versteckt antreten. Aus den Fässern klingt, vierstimmig in klassischer Barbershop-Manier, der Song «Sweet Adeline». Einiges spricht dafür, dass Harpo sich nicht hat synchronisieren lassen, sondern, augenzwinkernd mit seinem stummen Image spielend, selbst gesungen hat, solange ihn niemand sehen konnte.
143 Arce, op. cit., S. 319f.
144 Marx, Groucho, op. cit., S. 248
145 Vgl. Arce, op. cit., S. 389ff.
146 Ebd., S. 397
147 Marx, Arthur, op. cit., S. 223
148 Arce, op. cit., S. 391. Freilich hat Groucho, geprägt durch die Erfahrungen seiner Jugend und eines kompletten Verlusts seines Vermögens, die Angst vor neuerlicher Armut nie ganz ablegen können. Niemand garantierte ihm, dass es ihm zeit seines Lebens besser gehen würde als vielen seiner Kollegen. Große Stummfilmstars wie Harry Langdon mussten sich nach Jahren des Ruhms und Reichtums mit entwürdigenden Hilfsarbeiterjobs über Wasser halten. Das abschreckendste Beispiel für den Rückfall in die Bedeutungslosigkeit war Buster Keaton. Er wurde als Gag-Mann für «At the Circus» verpflichtet. Doch die Marx Brothers lehnten sein Material einstimmig und recht arrogant ab mit der Begründung, es passe zu einem Keaton-Film, nicht aber in ihren (Mitchell, op. cit., S. 137).
149 Marx, Groucho, op. cit., S. 168
150 Das 1930 unter dem Titel «Beds» erschienene Buch war lediglich eine Sammlung von Essays, die zuvor in diversen Zeitschriften veröffentlicht worden waren.
151 Arce, op. cit., S. 410
152 Mitchell, op. cit., S. 219
153 Vgl. Marx, Arthur, op. cit. S. 244f.
154 Vgl. Arce, op. cit., S. 436
155 «Die Zeit», 5. Januar 1973
156 Mitchell, op. cit., S. 195
157 Heinzlmeier et al.: Kultfilme, S. 32
158 Mitchell, op. cit., S. 195

159 Brandlmeier: Filmkomiker, S. 121
160 Chandler, op. cit., S. 300
161 Marx, Groucho, op. cit., S. 236
162 Anobile, op. cit., S. 227
163 Marx, Arthur, op. cit., S. 34
164 Mitchell, op. cit., S. 48
165 Brandlmeier, op. cit., S. 83
166 Vgl. oben, S. 19
167 «Tagesspiegel», 7. September 1979
168 Grouchos Charaktere tragen häufig «telling names», die auf ihre besonderen Eigenschaften im jeweiligen Kontext hinweisen: Als College-Professor Wagstaff bringt er den Lehrkörper (staff) durcheinander (to wag); in «Duck Soup» heißt er als neu gewählter Präsident von Freedonia Firefly, was soviel bedeutet wie «Glühwürmchen», womit die Kompetenz und Ausstrahlung manch eines Politikers treffend charakterisiert wird. Otis B. Driftwood («Treibholz») heißt er in «A Night at the Opera», und wie ein Stück Treibholz bewegt er sich auf drei sozialen Ebenen hin und her, ohne wirklich einer anzugehören: der so genannten guten Gesellschaft, dem Künstlervolk und den unterprivilegierten Chico und Harpo. Für «A Day at the Races» wurde sein ursprünglich vorgesehener Name als Tierarzt «Quackenbush» mit seiner Anspielung an «quack» (Quacksalber) nur deshalb in «Hackenbush» umgeändert, weil es tatsächlich mehrere Mediziner namens «Quackenbush» in Amerika gab und die Rechtsabteilung von MGM eine Welle von Verleumdungsklagen befürchtete. In «At the Circus» ist er als J. Cheever Loophole auf der Suche nach einem «Schlupfloch» (loophole) für den Zirkusbesitzer, der unverschuldet in finanzielle Schwierigkeiten gerät. Nur in «Go West» ist Grouchos' Alias «S. Quentin Quale» ein «telling name», der nicht in der Dramaturgie der Filmhandlung begründet ist: «San Quentin Quail» ist der Slangausdruck für ein attraktives minderjähriges Mädchen, mit dem Sex zu haben einem Mann eine Gefängnisstrafe einbringen konnte (vgl. «The Pocket Dictionary of American Slang», ed. Harald Wentworth).
169 Anobile, Why a Duck?, S. 98
170 Ebd., S. 143
171 Ebd., S. 158ff.
172 Ebd., S. 144ff.
173 Vgl. Mitchell, op. cit., S. 48
174 In «Duck Soup» gibt es zwei Hinweise darauf, dass Chicos sprachliche Inkompetenz eine Verstellung ist, derer er sich sehr wohl bewusst ist. Wenn er dem Botschafter von Sylvania berichtet: We shadow him [Firefly] all day (Wir haben ihn den ganzen Tag beschattet) und dieser fragt: But what day was that? (Welcher Tag war das denn?), entgegnet Chico: Shadderday (eine Verballhornung von Saturday, Samstag, und kommentiert gleich seine eigene Pointe: At 'sa some joke, eh, Boss? (Das war ein guter Witz, was, Boss?) Das wiederholt er wenig später bei der Versammlung des Rates, vor dem er sich wegen Hochverrats verantworten muss. Der Richter will eine Aussage nicht ins Protokoll nehmen: That sort of testimony we can eliminate. Chico: At's-a fine. I'll take some. (Fein. Ich nehme eine.) Judge: You'll take what? (Was nehmen Sie?) Chico: Eliminate. A nice cold glass eliminate. (Eine Limonade. Ein schönes kaltes Glas Limonade.) Dann zu Firefly, seinem Verteidiger gewandt: Hey, Boss I'm goin' good, eh? Yeah! (Hey, Boss, das war nicht schlecht, oder?) (The Marx Brothers, op. cit., S. 107 und 143)
175 Dies ist m. W. das einzige Beispiel von Humor mit jüdischem Unterton in den Filmen. Ausgerechnet der «Italiener» Chico verwech-

selt «levee» (Schutzdamm) mit dem jüdischen Familiennamen «Levy», und Groucho pariert die Bemerkung mit einem Hinweis auf «Passover», das Passah-Fest. Dass Groucho als jiddischer Vaudeville-Komiker ethnisch geprägte Witze verwendet hat, ist sehr wahrscheinlich, wenn auch nicht mehr nachprüfbar, da man den literarischen Wert der Sketche für die Nachwelt als äußerst gering erachtete und sie daher nicht in schriftlicher Form überliefert sind.

176 Anobile, Why a Duck?, S. 40 ff.

177 Eine Brücke zwischen zwei Epochen des Unterhaltungsgewerbes hat übrigens auch Chico geschlagen, indem er, in Gestalt seiner «italienischen» Straßenhändler, dem «ethnic comic», zentraler Charakter der «Variety Show» und eine der Hauptfiguren des Vaudeville, in jedem seiner Filme ein Denkmal gesetzt hat.

178 Zit. nach Brandlmeier, op. cit., S. 121

179 Töteberg, Michael: Metzler Filmlexikon, S. 410

180 Harpo ist übrigens der erste Künstler, der die Harfe für die Swing-Musik – die Bezeichnung war in den dreißiger Jahren gleichbedeutend mit Jazz-Musik – «entdeckt» hat. In der Jazzgeschichte ist als erster Harfenist Caspar Reardon im Orchester von Jack Teagarden mit einer Aufnahme («Junk Man») dokumentiert – im Jahre 1934 (vgl. Joachim E. Berendt, Das Jazzbuch, S. 471). Zu dieser Zeit wurde Harpo bereits seit mehr als zehn Jahren vom Publikum als «swingender» Harfenist gefeiert.

181 Groucho wehrte sich übrigens dagegen, von einer Bewegung, gleich welcher Art, vereinnahmt zu werden: «Surrealisten? Ist das nicht die Gruppe, die gegen de Gaulle kämpft?» (Brandlmeier, op. cit., S. 126) juxte er in einem Interview. In diesem Zusammenhang ist auch einer seiner meistzitierten Aussprüche zu betrachten, der vordergründig witzig erscheint, allerdings auch Aufschluss gibt über sein ihm unterschwellig stets bewusstes Außenseitertum als Mensch und Künstler: «Einem Club, der mich als Mitglied aufnähme, würde ich niemals angehören wollen.»

182 «Neue Zürcher Zeitung», 23. August 1977

183 Zit. nach Eyles, Allen, The Marx Brothers, S. 197

184 Vgl. dazu das Interview mit Bill Marx im «arte»-Themenabend «Marx Attacks»

185 Mitchell, op. cit., S. 191

186 Bill Marx im «arte»-Themenabend

187 Koebner, Thomas (Hg.): Reclams Filmklassiker, Bd. 1, S. 305

188 Vgl. Esslin, Martin: Das Theater des Absurden, S. 298

189 Gehring, Wes. D.: Groucho & W. C. Fields, S. 72

190 Ionesco, Eugène: Argumente und Argumente, S. 21

191 Ebd., S. 242; S. 134; S. 116

192 Ebd., S. 180

193 Esslin, op. cit., S. 257

194 Ionesco, Théâtre II, S. 143

195 Ebd., S. 136 ff.

196 The Marx Brothers, S. 99 f.

197 «Das Figurenarsenal ist vollständig versammelt: der Nazi, der unter dem Toupet einen verräterischen Schmiß versteckt; eine Sängerin, Typ männermordender Vamp, die sich mit dem Agenten verbündet hat und ihn am Schluß verrät; der aufrechte Patriot, dem niemand glaubt, nur sein Mädchen hält zu ihm usw. Der Darsteller von [Nazi] Strubel ist Sig Ruman, ein Emigrant; der in Hamburg geborene Siegfried Rühmann verkörperte u. a. den SS-Gruppenführer in ‹To Be or Not To Be›.» (Töteberg, op. cit., S. 409)

198 Bergman, Andrew: We're in the Money, S. 28
199 Charyn, Jerome: Movieland, S. 102
200 Bergman, op. cit., S. xvi
201 Charyn, op. cit., S. 254
202 Ebd., S. 254
203 «Freedonia» heißt das Land, das Groucho als Rufus T. Firefly in den Untergang zu führen gewillt ist; und die USA rühmen sich in dem Lied, das durch Kongressbeschluss vom 3. März 1931 offiziell als Nationalhymne anerkannt wurde, in der letzten Zeile der ersten Strophe «the land of the free» zu sein. Eine Ahnung davon, wie schnell diese Freiheit sich in Repression verwandeln kann, vermittelte knapp 20 Jahre später das «Committee on Un-American Acitivities».
204 Eyles, op. cit., S. 199
205 Ebd., S. 200
206 Ebd., S. 200
207 Ebd., S. 200
208 Brady, Frank: Citizen Welles, S. 165
209 Toeplitz, op. cit., S. 345. Freilich nimmt es Toeplitz hier mit den Tatsachen nicht so genau, um seiner Argumentation größeres Gewicht und eine zur Situation passende Komik verleihen zu können. Groucho spricht an der besagten Stelle nicht in Uniform zu seinen Kameraden, sondern als Präsident zu seinen Kabinettsmitgliedern. Dazu wird ihm nicht eine Stabskarte, sondern der Bericht des Schatzamtes vorgelegt; ebenso wenig tritt er als Oberst auf. Und wenn man es ganz genau nimmt, muss man noch darauf hinweisen, dass Groucho nicht von einem drei-, sondern vierjährigen Kind spricht.
210 Charyn, op. cit., S. 253 f.
211 Toeplitz, op. cit., S. 98 f.
212 Charyn, op. cit., S. 191 f.
213 Bayer, The Great Movies, S. 66
214 Grouchos und Allens Bekanntschaft war geprägt von gegenseitiger Bewunderung: «Ich halte ihn für genial, und er hält mich für genial. So kommen wir prima miteinander aus», sagte Groucho über Allen (Chandler, op. cit., S. 453).
215 Arce, op. cit., S. 312

Zeittafel

1884 Minnie Schönberg und Simon Marx heiraten in New York.

1887 Leonard «Chico» Marx wird als zweiter Sohn der Eheleute Marx geboren. Mehrere Daten zwischen März und August werden als Geburtstag genannt; der wahrscheinlichste Termin ist der 21. März. Der erste Sohn, Manfred, kam 1885 zur Welt, stirbt aber drei Jahre später an den Folgen der Tuberkulose.

1888 Am 23. November wird Adolph «Harpo» geboren. Er nennt sich später Arthur.

ca. 1890 Minnies Bruder Al Schönberg ändert seinen Familiennamen in Shean und gründet mit drei Freunden die «Manhattan Comedy Four».

1890 Am 2. Oktober kommt Julius Henry «Groucho» zur Welt.

1892 Milton «Gummo» wird am 23. Oktober geboren.

1901 Herbert «Zeppo» kommt am 25. Februar zur Welt.

1905 Groucho tritt sein erstes professionelles Vaudeville-Engagement an («Leroy Trio»).

1906 Erste Erwähnung von Julius Marx in «Variety» (2. Februar).

1907 September: Erster Auftritt der «Three Nightingales» (Groucho, Gummo und Mabel O'Donnell).

1908 Erster Auftritt der «Four Nightingales» (Groucho, Gummo, Harpo und Lou Levy).

1910 Die Marx-Familie zieht nach Chicago.

1912 Chico schließt sich seinen Brüdern an; Tournee mit dem Sketch *School Days*, später umbenannt in *Fun in Hi Skool.*

1915 Erster Auftritt der Marx Brothers am Broadway mit *Home Again.* – Untergang der «Lusitania» am 7. Mai. Eine Welle antideutscher Stimmung in den USA veranlasst Groucho, seinen deutschen durch einen jiddischen Akzent zu ersetzen.

1916 Gummo verlässt die «Marx Brothers» und meldet sich zum Kriegsdienst.

1917 Um ihren anderen Söhnen den Militärdienst zu ersparen, erwirbt Minnie Marx eine Farm in La Grange, Illinois, damit ihre Jungen ersatzweise eine volkswirtschaftlich sinnvolle Tätigkeit ausüben können. Das Experiment scheitert, noch ehe der Krieg zu Ende ist.
Am 22. März heiratet Chico Betty Karp.

1919 Im Sommer ziehen die Marx zurück nach New York.

1920 Am 4. Februar heiratet Groucho Ruth Johnson, eine Revuetänzerin.
Im Herbst drehen die Marx Brothers ihren ersten Film, *Humor Risk*, in New Jersey und New York.

1921 Geburt von Ruth' und Grouchos Sohn Arthur am 21. Juli.

1922 Erstes Gastspiel der Marx Brothers im Londoner Coliseum vom 19. Juni bis 29. Juli.

1923 Am 4. Juni hat das erste Musical der Marx Brothers Premiere, *I'll Say She Is.* Fast ein Jahr sind sie damit auf Tournee.

1924 Am 19. Mai gelingt ihnen mit dem Stück im Casino Theater New York die Eroberung des Broadways.

1925 Am 25. Dezember hat *The Cocoanuts* im New Yorker Lyric Theatre Premiere. Von diesem Stück an gehört Margaret Dumont als «fünfter Marx Brother» zur Truppe.

1927 Grouchos Tochter Miriam wird am 19. Mai geboren.

1928 23. Oktober: New Yorker Premiere von *Animal Crackers*.

1929 Am 13. September stirbt Minnie Marx im Alter von 64 Jahren.

1931 Im Januar geben die Marx Brothers ihr zweites Gastspiel in England.

1932 Premiere der Radioshow *Beagle, Shyster & Beagle* mit Groucho als Winkeladvokat und Chico als seinem Assistenten. Weil ein Anwalt namens Beagle die Radiogesellschaft zu verklagen droht, heißt die Show ab der 4. Folge *Flywheel, Shyster & Flywheel*.

1933 Am 11. Mai stirbt Sam Marx in Hollywood, 72 Jahre alt. *Duck Soup*, der fünfte und letzte Film für Paramount, wird am 17. November uraufgeführt.
Diplomatische Anerkennung der UdSSR durch die USA. Harpo unternimmt als erster amerikanischer Künstler nach diesem Abkommen im November und Dezember eine achtwöchige Tournee durch sowjetische Städte.

1934 Am 19. September unterzeichnen die Marx Brothers einen Vertrag mit MGM über drei Filme.

1936 Harpo heiratet die Schauspielerin Susan Fleming am 28. September.

1941 Groucho und Chico trennen sich von ihren Ehefrauen.

1945 Grouchos zweite Ehe: Am 21. Juli heiratet er Kay Gorcey (Scheidung am 12. Mai 1950).

1946 Geburt von Grouchos Tochter Melinda im August.

1947 Im Oktober wird die erste Folge der Quizserie *You Bet Your Life* mit Groucho als Moderator, Talk- und Quizmaster ausgestrahlt. Zwei Jahre später erhält er den «Peabody Award», einen der begehrtesten Radiopreise.

1950 Im Oktober wird *You Bet Your Life* erstmals im Fernsehen ausgestrahlt. NBC garantiert drei Millionen Dollar für eine Laufzeit von acht Jahren und bietet Groucho zusätzlich pro Sendung 4800 Dollar an. Die Show bleibt elf Jahre auf Sendung und wird eine der beliebtesten der fünfziger Jahre.

1954 Am 17. Juli heiratet Groucho in dritter Ehe die 44 Jahre jüngere Eden Hartford (Scheidung am 4. Dezember 1969).

1958 Im August heiratet Chico die Schauspielerin Mary De Vithas.

1961 Am 17. Mai wird *You Bet Your Life* zum letzten Mal ausgestrahlt. Chico stirbt am 11. Oktober im Alter von 74 Jahren.

1964 Harpo stirbt am 28. September im Alter von 75 Jahren in Los Angeles.

1965 Margaret Dumont stirbt am 6. März. Wenige Tage zuvor war sie noch mit Groucho in einer Fernsehshow aufgetreten.

1966 Auf der Viennale wird den Marx Brothers eine Retrospektive gewidmet.

1967 Ab Februar strahlt der WDR in Köln die Filme der Marx Brothers aus. Damit werden sie erstmals einem deutschen Publikum vorgestellt.
Die Manhattan Gallery of Modern Art veranstaltet von Frühjahr bis Sommer eine Retrospektive sämtlicher Marx-Brothers-Filme. Diese Veranstaltung leitet die Renaissance ihrer Werke in Amerika ein.

1969 Grouchos dritte Frau Eden reicht im Januar die Scheidung ein.

1970 *Minnie's Boys*, ein Musical über die Marx Brothers – am Libretto hat Arthur Marx, Sohn von Groucho, mitgearbeitet, Groucho war «künstlerischer Berater» –, wird am 26. März im New Yorker Imperial Theater uraufgeführt, nach 76 Vorstellungen mit einem

Verlust von 500 000 Dollar abgesetzt.

1971 Groucho erhält als Ehrengast beim Internationalen Filmfestival in Cannes den Orden der Französischen Ehrenlegion.

1972 Am 13. Dezember findet der letzte *Evening with Groucho* in Los Angeles statt.

1974 Am 2. April wird Groucho in Hollywood mit einem Ehren-«Oscar» für sein Lebenswerk ausgezeichnet.

1975 New Yorks Oberbürgermeister Tom Bradley erklärt den 2. Oktober, Grouchos 85. Geburtstag, zum «Groucho Marx Day».

1976 Am 31. Oktober nimmt Groucho in Los Angeles an einem Bankett zu Ehren des Dirigenten Zubin Mehta teil. Vor den 300 Gästen trägt Groucho ein Lied vor. Es ist sein letzter Auftritt in der Öffentlichkeit.

1977 Am 21. April stirbt Gummo im Alter von 84 Jahren. Mit Rücksicht auf Grouchos Gesundheitszustand wird die Nachricht von ihm fern gehalten.
Groucho stirbt am 19. August im Alter von 86 Jahren.

1979 Am 15. Januar wird in London ein «musical double feature» mit dem Titel «A Day in Hollywood, A Night in the Ukraine» uraufgeführt. Der erste Teil ist eine Hommage an Hollywoods goldene Ära der dreißiger Jahre, der zweite eine «little musical comedy», basierend auf Anton Tschechows Einakter «Der Bär», der im Stil eines Marx-Brothers-Film präsentiert wird. Am 1. Mai 1980 findet im New Yorker «Golden Theatre» die amerikanische Erstaufführung statt – mit finanzieller Unterstützung unter anderem von Neil Simon, Jane Fonda und Carol Channing. «A Day in Hollywood …» wird 588-mal gegeben.
Am 29. November stirbt der letzte der Marx Brothers, Zeppo, im Alter von 78 Jahren.

Zeugnisse

Winston Churchill

Heß oder nicht Heß – ich sehe mir jetzt die Marx Brothers an.
Der britische Premierminister am 10. Mai 1941, als er erfuhr, dass Hitlers Stellvertreter Rudolf Heß in Schottland gefangen genommen worden war.
«Der Spiegel», 25. Februar 2002

Woody Allen

Die Marx Brothers machten in gewisser Hinsicht auf Biegen und Brechen immer wieder denselben Film. Ob das *Go West* war oder *A Night at the Opera* oder *The Big Store*, es war immer derselbe Film. Sie waren unglaublich komisch, und man sah sie sich voller Glück immer wieder von vorn bis hinten an, weil sie so komisch waren.
Eric Lax: «Woody Allen», 1975

Margaret Dumont

Man sagte mir, dass sie eine Schauspielerin mit Würde und Seriosität suchten, um ihre Komödie dramatisch auszubalancieren. Nach drei Wochen als Grouchos Partnerin hatte ich beinahe einen Nervenzusammenbruch. Er stieß mich herum, zog Stühle unter mir weg, grillte Steaks im Kamin meines Apartments, legte mir Frösche ins Bad und machte mir auf der Bühne und auch sonst das Leben schwer. Aber ich bereue keine Minute. Ich liebe diese Jungs.
Thomas Brandlmeier, «Filmkomiker», 1983

Federico Fellini

Die Marx Brothers überleben auf eine sehr glückliche Weise, obwohl sie außer ihrem Witz nichts weiter besitzen. Ich spreche natürlich von den Marx Brothers auf der Leinwand. Sie sind auf ihre Weise unglaublich erfinderisch. Es macht uns weiter nichts aus, dass sie auf die unterschiedlichsten Situationen immer in der gleichen naiven Weise reagieren. Wir amüsieren uns nicht nur darüber, sondern fühlen uns auch emotional berührt, weil wir etwas über uns selbst erfahren.
«Ich, Fellini», 1994

Brooks Atkinson

Sie sind Nihilisten, diese Marx Boys. Und das Beste an ihrer vulgären Scharlatanerie sind die verblüffenden, wie nebenbei ausgeteilten giftigen Hiebe gegen jedermann – inklusive sie selbst.
Hector Arce, «Groucho», 1979

James Monaco

Die Marx Brothers, Mae West und W. C. Fields (der schon beim Stummfilm begonnen hatte) schufen einige der fesselndsten komischen Figuren, wobei die Marx Brothers einen Stil der Unlogik entwickelten, der noch in den Neunzigern nachwirkte.
«Film verstehen», 1977

Charlotte Chandler

Die Marx Brothers haben sich niemals von Gesetzen einengen lassen, die andere gemacht haben, Groucho von allen Brüdern am wenigsten. Die Grenze, an der andere innehielten, existierte für Groucho Marx nicht. Er tat, was die anderen gerne getan hätten, er bewegte sich in Bereichen, die gewöhnliche Sterbliche zu betreten niemals gewagt hätten. Und gewöhnlich wurde er belohnt, wo jeder andere bestraft worden wäre.
«Hello, I Must Be Going», 1978

Dick Cavett

Groucho ist auf so vielen Ebenen präsent, dass man schier verrückt darüber werden könnte, müsste man sagen, was einem am komischsten erscheint: der merkwürdige Gang,

der unvergleichliche Klang seiner Stimme oder dieser verschmitzt-kluge Gesichtsausdruck. Ich bin mir sicher: Hätte es ihn nie gegeben, dann würde uns in der Welt der Komödie etwas fehlen – wie dieser Planet im Sonnensystem, von dem die Astronomen sagen, er müsste eigentlich da sein.
An Evening with Groucho (Plattencover), 1973

George Bernard Shaw
Wer meine beliebtesten Schauspieler sind? Groucho, Chico, Harpo und Zeppo. Alle anderen kommen an fünfter Stelle.
An Evening with Groucho (Plattencover), 1973

Urs Widmer
Groucho war ein Meister des «make the best of it», ich finde es erstaunlich, wie er, nach all seinen Filmen, ohne erkennbare Kränkung in Sendungen mitwirkte, die alles in allem wohl ähnlich schwachsinnig waren wie unsere.
«Frankfurter Rundschau», 21. November 1981

Richard F. Shepard
Die Marx Brothers haben unsere heutige Realität vorweggenommen. Wir können sie nicht dafür tadeln, dass diese Realität freudloser ist als ihre Vorahnung. [...] Eine Gruppe wie sie gab es nie zuvor. Sie haben eine Art von Komik vorgemacht, die oft imitiert, aber niemals erreicht wurde. Was können die Marx Brothers für Sie tun? Sie können Sie zum Lachen bringen, lieber Leser. Und wenn Sie nur halb so viele Sorgen und Schulden haben, wie ich einmal vermute, unter Umweltverschmutzung und Verkehrsstaus leiden und von der Familie geplagt werden, dann können Sie auf dieses Lachen bestimmt nicht so ohne weiteres verzichten.
«New York Times», 1972

René Clair
Einer meiner Träume war es, einen Film mit den Marx Brothers zu drehen. Das hatte ich machen wollen, als ich nach Hollywood kam. Viel später traf ich Groucho, und er sagte mir, das wäre genau das, was er sich gewünscht hatte – einen Film mit mir zu machen. Er sagte, unter der Regie von René Clair zu arbeiten sei genau das gewesen, was die Marx Brothers immer gewollt hatten.
Es war ein Fall von «Par Hasard» – genau wie der Titel meines Buches.
Charlotte Chandler, «Hello, I Must Be Going»,1979

Filmographie

Abkürzungen: P = Produktion, R = Regie, B = Drehbuch, K = Kamera, M = Musik, T = Songtexte, ML = Musikalische Leitung, S = Schnitt, L = Länge, UA = Uraufführung, D = Darsteller

ca. 1920 **Humorisk / Humorisque / Humoresque / Humor Risk**
P: Al Posen, B: Jo Swerling, D: Groucho, Harpo, Chico, Gummo, Zeppo, Mildred Davis (nicht regulär aufgeführt)

1929 **The Cocoanuts**
P: Paramount / Walter Wanger, R: Robert Florey und Joseph Santley, B: Morrie Ryskind (nach dem Musical von Morrie Ryskind und George S. Kaufman), K: George Folsey, M u. T: Irving Berlin, S: Barney Rogan, L: 96 Min., UA: 3. August 1929, D: Groucho, Harpo, Chico, Zeppo, Margaret Dumont, Mary Eaton, Oscar Shaw, Kay Francis, Cyril Ring, Basil Ruysdael, Sylvan Lee

1930 **Animal Crackers**
P: Paramount / B. P. Schulberg, R: Victor Heerman, B: Morrie Ryskind und Pierre Collings (nach dem Musical von George S. Kaufman), K: George Folsey, M: Bert Kalmar, T: Harry Ruby, L: 98 Min., UA: 6. September 1930, D: Groucho, Chico, Harpo, Zeppo, Margaret Dumont, Lillian Roth, Louis Sorin, Hal Thompson, Margaret Irving, Kathryn Reece, Robert Greig, Edward Metcalf

1931 **Monkey Business (Die Marx Brothers auf See)**
P: Paramount / B. P. Schulberg, R: Norman McLeod, B: S. J. Perelman und Will B. Johnstone (mit Dialogen von Arthur Sheekman), K: Arthur L. Todd, L: 77 Min., UA: 19. September 1931, D: Groucho, Chico, Harpo, Zeppo, Thelma Todd, Rockliffe Fellowes, Tom Kennedy, Ruth Hall, Harry Woods, Ben Taggart, Otto Fries, Evelyn Pierce, Maxine Castle

1932 **Horse Feathers (Blühender Unsinn)**
P: Paramount / B. P. Schulberg, R: Norman McLeod, B: Harry Ruby, Bert Kalmar, S. J. Perelman, Will B. Johnstone, K. Ray June, M: Bert Kalmar, T: Harry Ruby, L: 68 Min., UA: 19. August 1932, D: Groucho, Chico, Harpo, Zeppo, Thelma Todd, David Landau, Robert Greig, James Pierce, Nat Pendleton, Reginald Barlow, Florine McKinney, E. J. LeSaint, E. H. Calvert

1933 **Duck Soup (Die Marx Brothers im Krieg)**
P: Paramount / B. P. Schulberg, R: Leo McCarey, B: Bert Kalmar, Harry Ruby (mit Dialogen von Arthur Sheekman und Nat Perrin), K: Henry Sharp, M: Bert Kalmar, T: Harry Ruby, ML: Arthur Johnston, S: LeRoy Stone, L: 70 Min., UA: 17. November 1933, D: Groucho, Chico, Harpo, Zeppo Margaret Dumont, Louis Calhern, Raquel Torres, Edgar Kennedy, Edmund Breese, William Worthington, Edwin Maxwell, Leonid Kinsky, Verna Hillie, George MacQuarrie, Fred Sullivan, Davison Clark, Charles B. Middleton, Eric Mayne

1935 **A Night at the Opera (Die Marx Brothers in der Oper / Skandal in der Oper)**
P: Metro-Goldwyn-Mayer / Irving G. Thalberg, R: Sam Wood, B: George S. Kaufman und Morrie Ryskind (nach einer Geschichte von James Kevin McGuinness, zusätzliches Material von Al Boasberg), K: Merritt B. Gerstad, M: Herbert Stothart, S: William LeVanway, L: 93 Min., UA: 15. November 1935, D: Groucho, Chico, Harpo, Margaret Dumont, Sieg-

fried Rumann, Kitty Carlisle, Allan Jones, Walter King, Edward Keane, Robert Emmet O'Connor, Lorraine Bridges

1937 A Day at the Races (Die Marx Brothers auf der Rennbahn / Ein Tag beim Rennen)
P: Metro-Goldwyn-Mayer / Irving G. Thalberg und Sam Wood, R: Sam Wood, B: George Seaton, Robert Pirosh und George Oppenheimer, K: Joseph Ruttenberg. M: Bronislav Kaper und Walter Jurmann, T: Gus Kahn, ML: Franz Waxman, S: Frank E. Hull, L: 109 Min, UA: 11. Juni 1937, D: Groucho, Chico, Harpo, Margaret Dumont, Siegfried Rumann, Allan Jones, Maureen O'Sullivan, Douglas Dumbrille, Leonard Ceeley, Esther Muir, Robert Middlemass, Vivian Fay, Ivie Anderson

1938 Room Service
P: R. K. O.-Radio-Pictures / Pandro S. Berman, R: William A. Seiter, B: Morrie Ryskind (nach dem Bühnenstück von John Murray und Allen Boretz), K: J. Roy Hunt, ML: Roy Webb, S: George Crone, L: 78 Min, UA: 30. September 1938, D: Groucho, Chico, Harpo, Lucille Ball, Ann Miller, Frank Albertson, Donald MacBride, Cliff Dunstan, Philip Loeb, Alexander Asro, Charles Halton, Philip Wood

1939 At the Circus (Die Marx Brothers im Zirkus)
P: Metro-Goldwyn-Mayer / Mervin LeRoy, R: Edward Buzzell, B: Irving Brecher, K: Leonard M. Smith, M: Harold Arlen, T: E.Y. Harburg, ML: Franz Waxman, S: William H. Terhune, L: 87 Min., UA: 20. Oktober 1939, D: Groucho, Chico, Harpo, Margaret Dumont, Florence Rice, Kenny Baker, Eve Arden, Nat Pendleton, Fritz Feld, James Burke, Jerry Marenghi, Barnett Parker

1940 Go West (Die Marx Brothers im Wilden Westen)
P: Metro-Goldwyn-Mayer / Jack Cummings, R: Edward Buzzell, B: Irving Becher, K: Leonard Smith, M: Roger Edens und Charles Wakefield Cadman, T: Gus Kahn, ML: Georgi Stoll, S: Blanche Sewell, L: 80 Min., UA: 6. Dezember 1940, D: Groucho, Chico, Harpo, John Carroll, Diana Lewis, Robert Barrat, Walter Woolf King, June MacCloy, George Lessey, Mitchell Lewis, Tully Marshall, Harry Tyler, Iris Adrian, Joan Woodbury

1941 The Big Store (Die Marx Brothers im Kaufhaus)
P: Metro-Goldwyn-Mayer / Louis K. Sidney, R: Charles Reisner, B: Sid Kuller, Hal Fimberg und Ray Golden nach einer Geschichte von Nat Perrin, K: Charles Lawton, M: Hal Borne, T: Kuller und Hal Fimberg, ML: Georgie Stoll, S: Conrad A. Nervig, L: 83 Min., UA: 20. Juni 1940, D: Groucho, Chico, Harpo, Margaret Dumont, Douglass Dumbrille, Tony Martin, Virginia Grey, William Tannen, Marion Martin, Virginia O'Brien, Henry Armetta, Anna Demetrio, Paul Stanton, Russell Hicks, Bradley Page, Charles Holland

1946 A Night in Casablanca (Eine Nacht in Casablanca)
P: United Artists / David L. Loew, R: Archie L. Mayo, B: Joseph Fields und Roland Kibbee, zusätzliches Material von Frank Tashlin, K: James van Trees, M und T: Werner Janssen, Ted Snyder, Bert Kalmar und Harry Ruby, S: Gregg G. Tallas, L: 85 Min., UA: 10. Mai 1946, D: Groucho, Chico, Harpo, Sig Ruman, Lisette Verea, Charles Drake, Lois Collier, Dan Seymour, Lewis Russell, Frederick Gierman, Harro Mellor, David Hoffman, Hall Harvey

1949 Love Happy
P: United Artists/Lester Cowan, R: David Miller, B: Frank Tashlin und Mac Benoff, K: William C. Mellor, M: Ann Ronell, ML: Paul Smith, S: Basil Wrangell und Al Joseph, L: 85 Min., UA: 3. März 1950, D: Groucho, Chico, Harpo, Vera-Ellen, Ilona Massey, Marion Hutton, Raymond Burr, Melville Cooper, Paul Valentine, Leon Belasco, Eric Blore, Bruce Gordon, Marilyn Monroe

Kinofilme, in denen die Marx Brothers getrennt auftreten:

1925 Too Many Kisses
P: Paramount; R: Paul Sloane
In dieser Liebesgeschichte, die in Spanien angesiedelt ist, hat Harpo eine kleine Rolle als Retter des in amouröse Händel verstrickten Helden (Richard Dix). Harpo spielt einen ganz anderen Charakter, als ihn das Publikum von seinen Bühnenauftritten mit den Brüdern her kannte.

1943 Stage Door Canteen
P: Sol Lesser, R: Frank Borzage
Verfilmtes Fronttheater – mit Harpo Marx und Tallulah Bankhead, Ray Bolger, Helen Hayes, George Jessel, Yehudi Menuhin, Katharine Hepburn, Ethel Merman, Johnny Weissmüller, Count Basie, Benny Goodman u.v.a.

1947 Copacabana
P: United Artists, R: Alfred E. Green
Groucho spielt den Varieté-Künstler Lionel Q. Devereux; seine Partnerin ist Carmen Miranda.

1950 Mr. Music
P: Paramount, R: Richard Haydn
Groucho hat einen kurzen Auftritt mit Bing Crosby, der einen Schlagerkomponisten spielt. Gemeinsam singen sie «Life is so peculiar».

1951 Double Dynamite
P: RKO, R: Irving Cummings
Groucho ist zu sehen in der Rolle eines Kellners, der der Vertraute eines Pärchens ist und dessen Geld an sich bringt. Das Paar wird gespielt von Jane Russell und Frank Sinatra.

1952 A Girl in Every Port
P: RKO; R: Chester Erskine
Groucho spielt einen Matrosen, der mit Schwindeleien beim Pferderennen Geld zu gewinnen versucht. Seine Partner sind William Bendix und Marie Wilson.

1957 Will Success Spoil Rock Hunter?
P: 20th Century Fox; R: Frank Tashlin
Satire auf das Fernsehen und die Werbung. Jayne Mansfield spielt den Filmstar Rita und Groucho (George Schmidlap) die Liebe ihres Lebens. Er ist in einem rund 40 Sekunden dauernden Auftritt gegen Ende des Films zu sehen. In weiteren Rollen: Tony Randall und Joan Blondell.

The Story of Mankind
P: Warner Brothers; R: Irwin Allen
Es ist der letzte Film, in dem alle drei Marx Brothers auftreten – allerdings jeder in einer andern Episode. Harpo spielt Sir Isaac Newton; Groucho spielt Peter Minuit, der den Indianern die Halbinsel Manhattan für Perlen im Wert von 24 Dollar abkauft; Chico ist als Mönch zu sehen. «The Story of Mankind» wurde die zweifelhafte Ehre zuteil, in die Liste der «50 schlechtesten Filme aller Zeiten» aufgenommen und mit einem «Golden Turkey Award» ausgezeichnet zu werden.

1968 Skidoo
P: Paramount, R: Otto Preminger
In seinem letzten Film spielt Groucho einen Gangsterboss, der

von seinen Leuten als «Gott» bezeichnet wird und schließlich zu den Hippie-Idealen von Liebe und Frieden konvertiert. In einer Szene ist er im Hippiekostüm zu sehen. «Skidoo» kam ebenfalls in die Liste der schlechtesten Filme aller Zeiten und erhielt einen «Golden Turkey Award». Neben Groucho treten unter anderem Carol Channing, Jackie Gleason, Peter Lawford, George Raft, Cesar Romero und Mickey Rooney auf.

Schallplattenaufnahmen & Fernsehsendungen:

An Evening with Groucho. A & M Records SP 3515

Groucho, Chico, Harpo: Marx Attacks – Themenabend bei arte, Sendung am 1. Juni 1997

Bibliographie

Anobile, Richard J., mit Groucho Marx: The Marx Brothers Scrap Book. New York ²1976
–: Why a Duck? Visual and Verbal Gems from the Marx Brothers Movies. New York 1972
Arce, Hector: Groucho. New York 1980
Atkinson, Brooks: Broadway. London 1970
Barson, Michael (Hg.): Die Marx Brothers Radio Show. Hamburg 1988
Bayer, William: The Great Movies. London 1977
Berendt, Joachim E., und Günther Huesmann: Das Jazzbuch. Frankfurt a. M. 1989
Bergman, Andrew: We're in the Money. Depression America and its Films. New York 1971
Brady, Frank: Citizen Welles. A Biography of Orson Welles. New York 1989
Brandlmeier, Thomas: Filmkomiker. Die Errettung des Grotesken. Frankfurt a. M. 1983
Chandler, Charlotte: Hello, I Must Be Going – Groucho and His Friends. New York 1979
Charyn, Jerome: Movieland. Hollywood und die große amerikanische Traumkulisse. Frankfurt a. M. 1995
Esslin, Martin: Das Theater des Absurden. Reinbek bei Hamburg 1965
Eyles, Allen: The Marx Brothers – Their World of Comedy. New York 1975
Gehring, Wes. D.: Groucho & W. C. Fields. Huckster Comedians, Jackson (Miss.) 1994
Heinzlmeier, Adolf, Jürgen Menningen und Berndt Schulz: Kultfilme. Hamburg 1983
Ionesco, Eugène: Théâtre. Paris 1963
–: Argumente und Argumente. Schriften zum Theater. Neuwied 1962
Kanfer, Stefan: Groucho. The Times and Life of Julius Henry Marx. New York 2000
Koebner, Thomas (Hg.): Filmklassiker. Beschreibungen und Kommentare. Stuttgart 1995
Kracauer, Siegfried: Kino. Essays, Studien, Glossen zum Film. Hg. von Karsten Witte. Frankfurt a. M. 1974
Louvish, Simon: Monkey Business. The Lives and Legends of the Marx Brothers. New York 1999
Marx, Arthur: My Life with Groucho. New Jersey 1992
The Marx Brothers: Monkey Business, Duck Soup and A Day at the Races. With an Introduction by Karl French. London 1993
Marx, Groucho: Groucho and Me. New York 1974
–: Die Groucho Letters. Briefe von und an Groucho Marx. Frankfurt a. M. 1984
Marx, Harpo, und Rowland Barber: Harpo spricht. Hamburg 1989
Marx, Henry: Die Broadway-Story. Eine Kulturgeschichte des amerikanischen Theaters. Düsseldorf–Wien 1986
Mitchell, Glenn: The Marx Brothers Encyclopedia. London 1996
Mordden, Ethan: The Hollywood Musical. New York 1981
Schmidt-Joos, Siegfried: Das Musical. München 1965
Schulte, Michael: Warum haben Sie nicht das Pferd geheiratet? Groucho Marx – Sein Leben. München 1990
Toeplitz, Jerzy: Geschichte des Films. 5 Bde. Berlin 1992
Töteberg, Michael (Hg.): Metzler Filmlexikon. Stuttgart 1995
Wentworth, Harold, und Stuart Berg Flexner: The Pocket Dictionary of American Slang. New York 1969

NAMEN-REGISTER

Die kursiv gesetzten Zahlen bezeichnen die Abbildungen.

Über den Autor

Rainer Nolden, geboren in Düsseldorf, dort und in Köln Studium der Musik- und Theaterwissenschaft, Germanistik und Anglistik. Promotion im Fach Anglistik. Redakteur bei der «Welt» in Hamburg, Bonn und Berlin; freie Mitarbeit bei diversen Rundfunkanstalten; Dozent an der Universität Düsseldorf im Fach Medienwissenschaft, Schwerpunkt Film. Seit 1995 Redakteur beim «Trierischen Volksfreund». Buchveröffentlichungen über Ella Fitzgerald und Count Basie.

Quellennachweis der Abbildungen

Privatsammlung: Umschlagvorderseite, Umschlagrückseite (2)
Filmbild Fundus Robert Fischer, München: 1 und 3, 7, 8, 49, 63, 65, 71, 81, 83, 85, 87, 99, 105, 109, 113, 115, 119, 125, 127, 129, 133, 137
Bilderdienst Süddeutscher Verlag, München: 10, 20
Aus: Groucho Marx: Groucho and Me. New York 1974: 11 (© Groucho Marx)
Aus: Richard J. Anobile mit Groucho Marx: The Marx Brothers Scrapbook. London – New York ²1976: 12, 13, 25, 46, 51, 53, 57, 59, 76, 90/91
ullstein bild, Berlin: 29, 39
Aus: Henry Marx: Die Broadway-Story. Düsseldorf – Wien 1986: 30
© Paul Wesolowski Collection, New Hope, PA: 41, 43, 69
Aus: Charlotte Chandler: Groucho und seine Freunde. Hamburg 1989: 73, 94
Museum of Modern Art / Film Stills Archive, New York: 79
Filmmuseum Berlin, Deutsche Kinemathek: 92, 101
Stefan Weidle, Bonn (Foto: Eric Schaal) 122
Deutsches Institut für Filmkunde, Frankfurt a. M.: 140

Trotz sorgfältiger Recherchen konnten nicht alle Rechteinhaber ermittelt werden. Der Verlag ist bereit, berechtigte Ansprüche in üblicher Weise abzugelten.